中央民族大学"国际汉语教学"重点培育学科项目资助

Supported by Key Discipline Construction Program of International Chinese Teaching, Minzu University of China

本教材为教育部人文社会科学研究青年基金项目（07JC740016）"现代汉语类词缀研究"阶段性成果

国际汉语教学研究生系列教材　总主编／吴应辉
International Chinese Teaching Textbook Series for Graduates

汉语作为第二语言的词汇教学

Chinese Lexical Teaching as a Second Language

◎ 曾立英／编著

中央民族大学出版社
China Minzu University Press

图书在版编目（CIP）数据

汉语作为第二语言的词汇教学/曾立英编著. —北京：中央民族大学出版社，2010.9

ISBN 978-7-81108-900-4

Ⅰ.①汉… Ⅱ.①曾… Ⅲ.①汉语—词汇—对外汉语教学—教学研究 Ⅳ.①H195.3

中国版本图书馆CIP数据核字(2010)第175860号

汉语作为第二语言的词汇教学

作　　者	曾立英
责任编辑	李苏幸
封面设计	布拉格工作室·傲腾
出 版 者	中央民族大学出版社
	北京市海淀区中关村南大街27号　邮编：100081
	电话：68472815(发行部)　传真：68932751(发行部)
	68932218(总编室)　　　68932447(办公室)
发 行 者	全国各地新华书店
印 刷 者	北京宏伟双华印刷有限公司
开　　本	787×960(毫米)　1/16　印张：15.75
字　　数	200千字
版　　次	2010年9月第1版　2010年9月第1次印刷
书　　号	ISBN 978-7-81108-900-4
定　　价	32.00元

版权所有　翻印必究

教材建设是国际汉语师资培养的重要基础工作
——国际汉语教学研究生系列教材总序

吴应辉

万事开头难,由中央民族大学国际教育学院牵头组织编写的国际汉语教学研究生系列教材即将陆续出版,作为此套教材的主要策划组织者,我想借此机会就国际汉语教学研究生教材建设与国际汉语师资培养等有关问题谈几点看法。

一、国际汉语教学时代亟须与之相适应的国际汉语教学师资

目前全球有四千万人在学习汉语,其中来华学习汉语的人数不到全球学习汉语总人数的1%,也就是说,汉语教学的主体在国外而非在国内。随着中国国力的迅速增强,尤其是经过金融危机的洗礼,中国与发达国家的差距正在快速缩小。许多国家出现的汉语热,反映了人们在对中国国力做出客观判断后,在外语学习倾向上做出的理性选择。语言传播的发展史表明,目的语国家从来都不是外语学习的主战场。正如不是所有学英语的人都到英、美、加、澳等英语国家学习一样,绝大多数想学汉语的人都选择在自己的国家学习汉语。国内对外汉语教学与海外汉语教学并存,但以海外汉语教学——非汉语环境下的汉语教学为主的局面,使

传统的对外汉语教学快速进入了国际汉语教学的新时代。①

传统的对外汉语教学硕士研究生属于学术型,主要是在语言学及应用语言学专业和课程与教学论专业培养,个别外国语言文学专业也设立对外汉语教学方向,其目标主要是培养对外汉语教学及研究人才。学术型对外汉语教学硕士研究生的培养往往带有"重学术轻技能"的倾向,课程体系未能体现国际汉语教学重实践、重技能培养的特色。国外汉语教学毕竟与国内对外汉语教学存在很大的差异,这种差异一方面表现为目的语环境与非目的语环境之别,另一方面还体现在学生学习动机、教学时数、年龄层次等许多方面。因此,世界各地的汉语教学亟须大批"不仅具有系统的专业素质、较高的中华文化素养和跨文化交际能力,而且具备熟练的汉语作为第二语言教学的技能,能流利地使用对象国语言,能熟练运用现代教育技术和科技手段进行教学"②,并且熟悉对象国社会文化,具有较强国别或区域针对性的国际汉语教师。

二、国际汉语教学师资培养需要与之相适应的教材

为适应汉语快速走向世界的新形势,满足世界各地对国际汉语教学师资的迫切需求,在国家汉办的大力推动下,国务院学位委员会在 2006 年首批 12 所院校试点招生的基础上,于 2007 年及时做出了设立汉语国际教育硕士专业学位的决定,并授予 24 所院

---

① 本人曾另文提出观点,用"国际汉语教学"作为学科名称,国际汉语教学包括传统的对外汉语教学和汉语国际传播两大部分,见《语言文字应用》2010 年第 3 期。这里所说的国际汉语教学是指汉语国际传播范畴之内的狭义的国际汉语教学,即中国以外的世界各地的汉语教学。

② 参见"汉语国际教育硕士专业学位研究生指导性培养方案",《全国汉语国际教育硕士专业学位教学指导委员会工作通讯》(2008)。

校"汉语国际教育硕士专业学位"（MTCSOL）招生培养资格（第一批）。2009年，国务院学位委员会又批准新增39所高校作为"汉语国际教育硕士专业学位"招生培养单位（第二批）。2010年9月，国务院学位委员会又批准新增19所高校作为"汉语国际教育硕士专业学位"招生培养单位（第三批）①。至此，全国具有汉语国际教育硕士专业学位研究生招生培养资格的院校已达82所。可以预见，研究生学位点审批权下放到省级教育行政主管部门之后，汉语国际教育专业硕士招生培养学校还会快速增加。

人才培养离不开教材，但到目前为止，国际汉语教学领域仍缺乏真正适合国际汉语教师培养需要的教材，教师们只能参考学术型硕士研究生的教材。然而，这种"替代性食物"的大范围使用给汉语国际教育硕士培养带来了很多弊端，使其偏离了自身的培养目标，进而趋同于学术型硕士生的培养，结果导致专业学位应用型人才的"学术化"。由教材缺乏引发了一系列连锁反应：由于缺乏汉语国际教育硕士教材而不得不以学术型教材作为替代品，使用学术型教材导致培养出来的专业硕士应用能力欠缺，他们被"异化"为汉语言文字学专业或语言学及应用语言学专业的学术型硕士，结果是，能够胜任国际汉语教学的合格师资依然匮乏。

导致这一结果的原因有很多，如师资、培养模式、学生综合素质等，但教材的匮乏无疑是其中一个非常重要的方面。问题需要逐一解决，组织编写一套国际汉语教学研究生教材，是努力解决这一系列问题的初步尝试。

---

① 国务院学位委员会：《关于下达2010年新增硕士专业学位授权点的通知》附件：2010年新增硕士专业学位授权点名单，学位〔2010〕号。http://www.moe.edu.cn/edoas/website18/29/info12837586450。

三、面对挑战，迎难而上，策划组织编写教材

"随着汉语快速走向世界，对外汉语教学时代正在转型为国际汉语教学时代，传统的对外汉语教学正在转型为国际汉语教学，因此，有必要努力建立与之相适应的国际汉语教学学科。"[①] "国际汉语教学学科建设主要应该抓好以下几个方面：一是学科理论建设，二是学科队伍建设，三是学科人才培养。"[②] 国际汉语教学研究生系列教材既是学科理论建设的一部分，也是学科人才培养的重要基础，因而是国际汉语教学学科整体建设的重要组成部分，将对推进国际汉语教学学科建设产生积极的促进作用。

中央民族大学在20世纪50年代就开始了对越南学生的汉语教学，成为当时中国最早接收外国留学生的8所院校之一，但在对外汉语教学学科建设方面起步较晚。近年来，中央民族大学国际教育学院调整了学科建设方向，将研究力量集中于汉语国际传播和国际汉语教学。在学校的大力支持下，我们的国际汉语教学学科建设已经取得初步成果。我们在全国高校中率先在语言学及应用语言学专业博士研究生培养中设立汉语国际传播研究方向；我们是国内第一个明确把"国际汉语教学"列为重点培育学科加以建设的汉语教学机构；我们创新性地设计并组织实施了"汉语国际教育硕士"的"2+1+1"的培养模式；我院绝大部分专职教师和近20位中外博士生都把研究方向集中到了国际汉语教学及其重要组成部分汉语国际传播上，研究领域包括泰国、马来西亚、缅甸、韩国、美国、越南等国家的汉语传播问题，内容涵盖国际汉

[①②] 吴应辉：《国际汉语教学学科建设及汉语国际传播研究探讨》，载《语言文字应用》2010年第3期。

语教学宏观和微观层次的诸多问题；我们已承担了包括两项国家社科基金课题、教育部新世纪优秀人才支持计划项目和教育部人文社会科学项目在内的多项汉语国际传播纵向和横向课题；我们正在进行国际汉语教学案例库和汉语国际传播数据库建设……

2009年，中央民族大学申报"汉语国际教育硕士专业学位"正式获得批准，成为汉语国际教育硕士专业学位研究生培养单位。在筹备招生及安排教学的过程中，我们发现很难找到符合"汉语国际教育硕士指导性培养方案"的教材。尽管有的高校已经计划编写汉语国际教育硕士教材，我们也在期待中等待，在等待中期待，但期待和等待的结果是期待中的教材最终没有出现。临渊羡鱼不如退而结网，我们下定决心，要加入第一批"吃螃蟹"者的队伍，立即开始组织本校国际教育学院汉语国际教育硕士所有导师及校外有关专家，策划编写一套国际汉语教学研究生教材，这样既可供汉语国际教育硕士使用，也可供有志于赴国外从事国际汉语教学的学术型硕士作为补充教材，同时还可作为汉语教师志愿者储备人员的培训教材以及其他国际汉语教学人员的自学教材。

四、本套教材的特色

本套教材坚持全球化视野、国际化思维和本土化理念。我们编写的教材是国际汉语教学研究生教材，教材编写中必须始终坚持全球化视野和国际化思维。我们的编写专家可能中外皆有，或独立编写，或中外合编。教材中使用的语言汉外均用，有的用汉语编写，有的全部用对象国语言编写。内容充分体现在学习者母语环境下（即非目的语环境下）开展汉语教学的特点，并体现对象国的本土化特色。

国际汉语教学的多元化决定了国际汉语教学研究生教材的多

元化特征，为充分体现本系列教材的针对性，部分课程的国别化、区域化内容将十分丰富。这套教材将是完全开放的，我们并不限定这套教材的数量，只要是符合国际汉语教学硕士研究生教学需要的教材，均有可能经专家评审后入选。鉴于这套教材选题广泛、内容丰富，我们将以"海纳百川，有容乃大"为理念，与国内外国际汉语教学专家精诚合作，热忱欢迎国内外专家奉献精品，将所编优秀教材列入国际汉语教学研究生教材系列出版，中央民族大学国际教育学院将提供力所能及的资助。

本套教材的另一个特色是充分重视教材的针对性。国际汉语教学的多样化必然要求国际汉语教师培养方案的多元化，多元化的培养方案必然要求多元化的研究生教材。这套系列教材主要以《汉语国际教育硕士专业学位研究生指导性培养方案》[1]为依据，注重对特定国家或地区的针对性，成熟一本，推出一本。对于一些带有较强国别化或区域化特色的课程，如汉外对比、跨文化交际、国外中小学教育概况、国别与地域文化等课程，可能会编写若干册针对不同国别的教材，以体现其针对性。

此外，汉语国际教育硕士专业学位研究生有中国学生和国际学生两类，这套教材主要针对中国学生的培养目标而编写，但也尽可能考虑国际学生的实际情况，力争做到两者兼顾。

五、不足之处

我们编写这套教材是在国际汉语教学领域的"拓荒"，是解决国际汉语师资培养和培训教材匮乏之举，由于时间仓促，水平有

---

[1] 中华人民共和国国务院学位委员《关于转发〈汉语国际教育硕士专业学位研究生指导性培养方案〉的通知》，学位办【2007】77号。该方案由"全国汉语国际教育硕士专业学位教育指导委员会"秘书处组织专家制定。

限，教材肯定存在不少缺点和不足，我们欢迎大家批评指正。此外，由于编写者众多，各有创意，加之考虑到这套教材主要作为研究生教材使用，我们并不限定这套教材的体例，这或许也是一种风格，也算百花齐放。

我们才刚刚起步，我们愿不断努力，与兄弟院校一起在汉语国际传播和国际汉语教学领域拓荒、播种，并愿意与国内外同行分享我们的收获。我们将以全球化的视野、国际化的思维和创新务实的行动，努力开展汉语国际传播和国际汉语教学研究，加强国际汉语教学研究生教材建设，推动国际汉语教学学科建设，为汉语和中国文化走向世界尽一份绵薄之力。

（欢迎联系：wuyinghuidr@yahoo.com.cn）

目　　录

前言 ……………………………………………………………… (1)
第一章　概论 …………………………………………………… (1)
　一、词汇教学的重要性 ………………………………………… (1)
　二、词汇学的本体研究和语言教学研究 ……………………… (2)
　三、第二语言词汇教学的系统观 ……………………………… (3)
　四、第二语言词汇教学的认知观 ……………………………… (6)
　五、第二语言词汇教学的应用观 ……………………………… (8)
第二章　词汇单位 ……………………………………………… (11)
　第一节　什么是语素 …………………………………………… (11)
　　一、语素的定义 ……………………………………………… (11)
　　二、语素的分类 ……………………………………………… (12)
　第二节　什么是词 ……………………………………………… (14)
　　一、词的定义 ………………………………………………… (14)
　　二、单音节词、双音节词、多音节词 ……………………… (15)
　　三、词和短语 ………………………………………………… (16)
　　四、离合词 …………………………………………………… (18)
　第三节　词汇与词汇量 ………………………………………… (21)
　　一、词汇的定义 ……………………………………………… (21)
　　二、现代汉语词汇的构成和特点 …………………………… (22)
　　三、语块教学与成语教学 …………………………………… (27)
　　四、词汇量 …………………………………………………… (35)
第三章　词的构造 ……………………………………………… (43)
　第一节　造词法 ………………………………………………… (43)

第二节　构词法 …………………………………………… (47)
　　　　一、单纯词 ………………………………………………… (47)
　　　　二、合成词 ………………………………………………… (48)
　　　　三、同素词 ………………………………………………… (52)
　　第三节　类词缀构词 ………………………………………… (56)
　　　　一、类词缀的定量考察 …………………………………… (57)
　　　　二、类词缀构词的特征 …………………………………… (60)
　　　　三、基于词库确立的类词缀 ……………………………… (74)
　　第四节　第二语言习得者的语素构词意识 ………………… (79)
　　　　一、汉语两字词和三字词的构成 ………………………… (79)
　　　　二、第二语言习得者的语素构词意识 …………………… (93)
　　　　三、构词法对于词汇教学的意义 ………………………… (94)
　　第五节　对外汉语教学中的"字本位"理论 ………………… (96)
第四章　词语的释义 ……………………………………… (108)
　　第一节　词义的特点和构成 ………………………………… (108)
　　　　一、词义的特点 …………………………………………… (108)
　　　　二、词义的构成 …………………………………………… (110)
　　第二节　词义的聚合和组合 ………………………………… (111)
　　　　一、单义和多义 …………………………………………… (111)
　　　　二、同义词 ………………………………………………… (113)
　　　　三、反义词 ………………………………………………… (116)
　　　　四、语义场和义素分析 …………………………………… (116)
　　　　五、词义的组合 …………………………………………… (118)
　　第三节　词语释义方法 ……………………………………… (121)
　　　　一、词语释义的原则 ……………………………………… (121)
　　　　二、词语释义方法 ………………………………………… (122)
第五章　汉语作为第二语言词汇教学的内容和方法 …… (138)
　　第一节　汉语作为第二语言教学中的词汇语义学 ……… (138)

一、汉语作为第二语言教学与词汇语义学 …………（138）
　　二、汉语作为第二语言教学的词汇语义网 …………（139）
　第二节　汉语作为第二语言词汇教学的内容和特点 ……（143）
　　一、汉语作为第二语言词汇教学的内容 ……………（143）
　　二、汉语作为第二语言词汇教学的特点 ……………（147）
　第三节　第二语言词汇教学的课堂教学方法 ……………（150）
　第四节　针对不同阶段的汉语词汇教学 …………………（152）
　　一、初级阶段的汉语词汇教学 ………………………（153）
　　二、中高级阶段的汉语词汇教学 ……………………（154）

第六章　第二语言词汇偏误分析 ……………………………（160）
　第一节　词汇偏误的产生 …………………………………（160）
　第二节　汉语词汇偏误的表现及根源 ……………………（162）
　　一、语义偏误 …………………………………………（163）
　　二、搭配偏误 …………………………………………（164）
　　三、糅合偏误 …………………………………………（171）
　　四、韵律错误 …………………………………………（171）
　　五、量词错误 …………………………………………（172）
　　六、"了"字冗余错误 …………………………………（172）
　　七、语篇偏误 …………………………………………（173）
　　八、汉外同形偏误 ……………………………………（174）
　第三节　汉语词汇偏误的根源及教学策略 ………………（175）
　　一、偏误产生的根源 …………………………………（175）
　　二、对待偏误的教学策略 ……………………………（180）

第七章　语言教学资源与词汇教学 …………………………（183）
　第一节　词库与词汇教学 …………………………………（183）
　　一、词表、词库的研制 ………………………………（183）
　　二、第二语言词汇教学词库 …………………………（188）
　　三、心理词库 …………………………………………（192）

第二节　语料库与词汇教学 …………………………… (195)
　一、语料库的种类 ……………………………………… (195)
　二、语料库与词汇教学 ………………………………… (198)
第三节　汉语作为第二语言学习词典的编纂 ………… (201)
　一、第二语言学习词典与母语学习词典的不同 ……… (201)
　二、汉语作为第二语言学习词典编纂的问题 ………… (203)
　三、面向第二语言教学用的词典的创新 ……………… (206)
　四、面向第二语言教学用的动词用法词典的
　　　编纂需求 …………………………………………… (207)
第四节　计算机辅助教学与词汇教学 ………………… (209)

第八章　汉语词汇教学案例分析 ……………………… (218)
第一节　案例教学法的价值 …………………………… (218)
第二节　汉语词汇教学的教师案例分析 ……………… (220)
第三节　汉语词汇教学的学生案例分析 ……………… (224)
　词语教学案例一：《汉语会话301句》第29课 ……… (225)
　词语教学案例二：《汉语会话301句》第33课 ……… (230)
　词语教学案例三：《体验汉语》第9课 ……………… (231)

后记 ………………………………………………………… (236)

前　言

　　2007年1月，国务院学位委员会批准设立"汉语国际教育专业硕士学位"，英文全称是 Master of Teaching Chinese to Speakers of Other Languages。

　　汉语国际教育事业的稳步发展，要求汉语教学的内容不断更新，体现学术的发展和应用。在汉语语言学和对外汉语教学中，已经取得了很多研究成果，对研究成果进行全面、系统的研究与整合也非常必要。

　　汉语国际教育硕士需要一定的语言学功底和解释语言的能力，开展对语言能力各要素全面系统的总结，也是建设新一代教材不可或缺的环节。

　　在汉语作为第二语言的教学实践中，词汇是许多第二语言学习者的主要障碍。所以，词汇教学在语言教学中非常重要。如何提高第二语言学习者的词汇水平，是摆在教师和未来的教师——汉语国际教育硕士面前的一个课题。如何帮助汉语国际教育硕士运用词汇学理论，展开关于词汇的系统、有效的教学，是编写这本教材的目的。

　　汉语词汇学理论有着深厚的研究基础，本教材从汉语作为第二语言的教学实践出发，把汉语词汇学的相关理论运用到语言教学的实践中，向汉语国际教育硕士介绍第二语言词汇教学的内容与方法，帮助汉语国际教育硕士树立词汇教学的系统观、认知观、应用观。

　　本教材的主线围绕汉语作为第二语言学习时的习得规律和教学规律展开，从如何分词入手，到词的构造、解释，到词汇偏误分析，到语言教学资源的应用与词汇教学及其教学案例分析，体例的安排及内容不同于语言学本体的词汇学教材。本教材立足于第二语言词汇教学，将词汇学理论与第二语言词汇教学实践密切结合，偏重于汉语作为第二语言的词汇教学的理论与方法，偏重于汉语词汇知识的语言教学实践，注重对硕士生教学技能的训练，注重词库、语料库等计算语言学手段在词汇教学中的运用，培养汉语国际教育硕士在词汇教学方面的学识与素养。

本教材适用于汉语国际教育硕士、汉语作为第二语言教学的教师以及汉语教师志愿者等，希望能得到读者的批评与帮助。

本教材由中央民族大学国际教育学院"国际汉语重点培育学科"项目资助，特别感谢学院的支持与帮助。

曾立英

2010 年 7 月 14 日

第一章 概 论

一、词汇教学的重要性

词汇教学是第二语言教学的基础,贯穿于整个第二语言教学活动中。除了最初的语音教学部分外,一切课堂教学都是建立在词汇教学的基础上的。无论是听力、口语、综合和写作教学,都离不开词汇,词汇教学是进行其他课堂教学的基础和起点。但是多年来,对外汉语词汇教学始终处于附属的地位,没有得到应有的重视。

胡明扬先生(1997)从语言的实质情况着眼,认为"语言说到底是由词语组合而成的,语音是词语的具体读音的综合,语法是词语的具体的用法的概括,离开了词语也就没有语言可言。如果掌握了词语的具体读音和具体用法,即使不学语音和语法也可以,母语的获得经历就是这样一个过程。相反,如果只掌握语音和语法知识,而不掌握具体词语的读音和用法,那么还说不上已经掌握了这种语言,往往会一说就错,一用就错。"[1]

杨惠元先生(2003)更是大胆提出要"强化词语教学,淡化句法教学",也就是说,在整个对外汉语教学中,词语教学自始至终都应该放在语言要素教学的中心位置。[2]

---

[1] 参见胡明扬:《对外汉语教学中词汇教学的若干问题》,载《语言文字应用》1997 年第 1 期。

[2] 参见杨惠元:《强化词语教学淡化句法教学》,载《语言教学与研究》2003 年第 1 期。

在第二语言教学的实践中，教师和研究者发现，词汇是许多第二语言学习者的主要障碍。留学生在使用汉语时发生的词汇错误比语法错误多，尤其是对于中高级水平的留学生来说，词汇量不足和词义掌握不准确成了汉语水平进一步提高的瓶颈。但长期以来，在对外汉语教学中，比较重视语法教学，而在某种程度上却忽视了词汇教学的重要性，使得词汇研究和教学成为整个教学过程的薄弱环节。

词汇教学重要，要做好词汇教学，必须根据汉语词汇本身的特点和第二语言词汇教学的特点来进行教学，把理论应用到教学实践中去。

二、词汇学的本体研究和语言教学研究

词汇学是在中国语言学的几个领域里，第一个受到重视，并产生专著的学科。《尔雅》是一部词义学的专著，《方言》则是一部词汇调查总集。

但自1898马建忠的《马氏文通》出版后，汉语的词汇研究，长期成为语法研究的附庸。早期的词汇学研究，既研究词语构造、词汇组成、发展、变化、词语的意义，也研究词汇在词典中的状况。进入20世纪60年代，词汇研究进一步深入。首先是对一些词汇理论问题进行了探索，开展了这样几次大的讨论：词义和概念的关系问题的讨论、词汇语义体系的探讨、关于基本词汇的性质和范围的讨论、关于词与非词的界定问题的讨论；其次是对于汉语的构词法有了较系统的研究；再次是词义研究走向成熟，在研究方法上，义素分析法的引入，语义场的提出，标志着汉语词义研究走向成熟。从20世纪90年代开始，在中文信息处理学界，词库、词汇语义网的构建等，词汇的计量研究日益发展，同时也加

强了词汇语义学的研究思路。第二语言词汇教学研究吸收了很多本体研究的成果，但第二语言的词汇教学更偏重于应用，需要将词汇学的本体知识应用到语言教学的实践中去，具体表现为切合学生的学习水平的词汇学理论的应用。

　　本书所讲的第二语言词汇教学更关注于词汇教学的理论与方法，帮助教师理顺词汇语义教学的系统观念。比如本书所侧重讲解的最小词汇教学的单位的组织与教学、词语的释义及方法、教学词汇量、生词的重现率、分阶段的词汇教学、词汇教学的偏误、词库、语料库等语言教学资源与词汇教学、学习词典的编纂等，都是我们在教学中会遇到的实际问题。这些语言教学实践，要求教师具备语言学的本体研究的相关知识，还应具备应用和建构语言教学资源的意识，为教学服务。本书所讲的第二语言的词汇教学还关注学生对于词汇的习得过程，学生如何尽快地理解词汇和产出词汇，是词汇教学的目的所在。

三、第二语言词汇教学的系统观

　　在汉语作为第二语言的教学中，词汇教学由于没有受到重视，存在着系统性不足的局面，虽然学界有《汉语水平考试词汇与汉字等级大纲》做指引，有教材中的语境提示，但现在的词汇教学有着孤立讲解生词的倾向，习惯于"遇词讲词"，整个词汇教学显得比较零散，效率不高，词汇教学缺乏系统性，词语学习松散随意，学什么是什么，学多少算多少，对词汇本身的结构组织、词汇学习策略缺乏有力的指导，这种状况会严重制约学生语言能力的提高。

　　由于没有系统的词汇教学，学生看不清汉语词汇的规律，学习和记忆词汇困难很大。因此强调系统的词汇教学是极有必要的。

词汇本身是一个自组织的系统，词汇学的研究也是有系统的。词汇的单位、词的构成、词义的组合和聚合、语义场等词汇学的研究成果，应该在第二语言的词汇教学实践中得以体现和丰富。本教材将强调词汇学本身的系统性在第二语言词汇教学中的实施与应用，使汉语国际教育硕士生通过本课程的学习，了解现代汉语词汇学的基本理论与方法，了解词汇单位、构词法、词汇语义学、词库等和第二语言词汇教学直接相关的词汇学理论源流。介绍目前的对外汉语词汇教学方法，探讨由于对词汇最小单位的思考引起的对外汉语学界对"字本位"的思考，讲解构词法、语料库等理论也可直接应用于第二语言教学，再如词义解释的方法和技巧、学生心理词库的形成与完善等，都是词汇理论在第二语言词汇教学中的扩展。

词汇教学的系统性还体现在词汇教学和语音教学、语法教学、汉字教学的结合上。词是形、音、义的结合体，词汇教学也不可能完全脱离语音教学、语法教学和汉字教学，胡明扬曾指出："实际上语汇是语言存在的唯一实体，语法是无法脱离具体的语汇而存在的，因为说到底只是无数具体语词的具体用法的概括。"[①] 目前学界所提倡的"大词库、小语法"，实际上是词汇语法的路线。再如动词的语义角色也是和词义紧密联系的。

所以词汇教学，不是孤立的教学，一方面借助语音教学、语法教学和汉字教学作为手段，另一方面词汇教学也能够深化其他语言要素的教学，强化汉语词汇规律性的学习。如词汇教学中的同音词或语音相似的词，多音词以及词发音的"洋腔洋调"，是词汇教学中不可避免的问题；词汇教学中的词类教学、虚词教学，

[①] 参见胡明扬：《外国人学汉语语法偏误分析·序》，北京语言文化大学出版社1996年版。

也是学生比较模糊的地方;词汇教学中的汉字,汉字声符或形符对于词语的理解都有一定的提示作用。李如龙、吴茗(2005)也认为"学习语言,词汇是基础,它应当贯穿学习的始终。汉语的词汇体现了语音的结构和变化,组成语句又体现了种种语法关系,学习词汇也连带学了语音和语法。词汇教学的效果直接影响着留学生汉语的整体水平。"①

词汇教学和语用学联系也很紧密,汉语作为第二语言的教学语法必须考虑语义和语用问题。比如在学习"拆"之后,留学生可能造出"拆包子"之类的搭配,这种动宾搭配跟语义关系密切,必须在教学中考虑到。再如汉语中有"又A又B"结构,留学生经常造出"又贵又好吃"、"又便宜又不好吃"之类的句子。若按语法规则来看,是没有任何问题的,但现实生活中是不会有这种说法的,原因是A和B所表达的说话人的主观评价指向不一致。

历来的对外汉语教学,内容基本上只包括语音、语法、词汇、汉字读写等语言项目。近几年来,不少人又提出语言教学应与文化结合起来,从理论上把对外汉语教学推进了一步。但通过对教学实际的考察,我们发现,对外汉语教学还缺乏两项重要的内容——语用和篇章。也就是说,应该把语用学和篇章语言学的研究成果运用到对外汉语教学中去(吕文华、鲁健骥 1993)。徐通锵(2003)则面向整个现代汉语词汇教学指出:"语汇的研究不能就语汇论语汇,不能只就它与社会的联系去研究,而更重要的是需要联系语汇所服务的领域——语法或语用去研究。"②

---

① 参见李如龙、吴茗:《略论对外汉语词汇教学的两个原则》,载《语言教学与研究》2005年第2期。
② 参见曹炜:《现代汉语词汇研究》序,北京大学出版社2003年版。

四、第二语言词汇教学的认知观

对语言的本质、习得过程的认识关系到语言教学。教学理念的产生、教学大纲的制定、教学内容的安排、教学法的选择、课堂教学活动的技巧，实际上与我们对语言的本质、语言习得过程的认识相联系。本书对于第二语言词汇教学的研究与探讨实际上贯穿了认知的视角，和认知语言学、认知心理学有密切的关系。

凡是将人的语言能力当作一种认知能力来加以研究的，都叫认知语言学。认知语言学是理论语言学界最近二十几年发展起来的一个语言学学派。

认知语言学广泛吸收了语言学之外研究人类认知活动的各门学科如心理学、神经科学、哲学、人类学及在这些学科基础上产生的认知科学的研究成果与分析方法，在语言学内部则整合了语言类型学和功能语言学的研究路子，描述和解释人类语言构造，并分析其功能基础。认知语言学在美国的两个研究中心已形成了两个学派：一个是以 Langacker 为首的"圣地亚哥学派"（San Diego School）；一个是以 Lakoff、Fillmore 等为首的"伯克利学派"（Berkeley School）。这两个学派的理论主要包括 Langacker 的认知语法、Fauconnier 的心理空间（mental space）理论、Lakoff 的隐喻理论、Fillmore 的框架语义学（Frame Semantics）等等。

认知语言学，主要与认知学科、认知心理学、哲学、逻辑学、社会学、语言学等有密切关系，认知语言学和心理学的交叉学科——认知心理语言学对于语言习得能力、语言习得过程、方法及教学意义的研究都有助于我们研究第二语言教学。

"认知语言学"不是语言学的一个分支，不是跟历史语言学、社会语言学、神经语言学等等并列的一个分支学科，而是代表语言研究近来兴起的一个新的学派或思潮。也就是说，"认知语言学"不是一种单一的理论，而是代表一种研究范式，其特点是着重阐释语言和一般认知能力之间密不可分的联系。

本书所讲的汉语作为第二语言的词汇教学贯穿了认知语言学的观念，学生的学习、教师的教学都在解释汉语和一般认知能力之间的规律。在汉语作为第二语言的词汇学习中，学生的学习与习得，教师的教与学都和人的认知规律、认知能力密切相关。

基于外国学生对于汉语词的认识，谈到了什么是语素，什么是词、词的构造，以及如何形成汉语的语素构词意识，随着学习水平的提高，怎么增加第二语言习得者的词汇量？这些章节的安排是从学习者的认知视角来谈的。至于"词语的释义"、"第二语言词汇教学的内容和特点"、"第二语言词汇偏误分析"、"语言教学资源与词汇教学"、"案例分析"等等这些章节，都是从教师的认知观来考虑的。本书也有部分章节是将教师和学生的认知视角结合在一起的，比如第三章"词的构造"中，既谈到了"第二语言习得者的语素构词意识"，又接着讨论了"对外汉语教学中的'字本位'理论"，在第二语言习得者的认知基础上，再谈教师的教学观。

认知心理语言学认为语言有高度的规则性，语言反映了认知语义概念，是语言能力和语言表现的综合。语言能力是认知、语义、环境、知识水平相互作用的结果。认知心理语言学家认为语言习得的过程是学习者对周围存在的事物和事物之间的关系进行分析、归类、概括，同时用认知能力对所接触的语言素材进行语义上归类、理解、推理、总结出语法规则的过程；是学习者的认知能力、语言能力和知识水平互动和互助的结果。认知心理语言学提倡多元的语言输入，对教学的意义可归纳为以下两点：要站在学习的角度上，使输入的语言材料不仅仅容易理解，而且能够掌握，遵循"可懂输入原则"；强调认知技能和学习策略的发展与运用，教学环境与教学输入的设计要有目的地锻炼学习者举一反三、归纳推理的学习技能，这样学习者在学习中始终是积极的，善于思考的，善于分析和解决问题。李如龙、杨吉春（2004）认为第二语言的习得是建立在学习者自身认知能力发展的基础之上，对外汉语教学的教学理论基础应该是语言的认知。

本书所提到的汉语构词意识、词汇量、词义的理解、心理词库的构建、偏误分析、案例分析等都具有一种认知视角。汉语构词意识是指与汉语词汇结构的特征相关的意识，如语素意识、语素之间的组合关系意识、词边界意识等。这些意识的形成和发展对外国学生汉语认知能力的培养具有重要的意义。词汇量的增加、词义的理解、心理词库的构建是学生对汉语的认知结构不断变化或"完形"的过程。偏误分析和案例分析是教师对学生的偏误及案例的反思，希望通过这个反思过程反省教学，提高教学效果。

五、第二语言词汇教学的应用观

和语言学及应用语言学专业硕士生的词汇教学不同，汉语国际教育硕士的教材更偏重于"应用型"。本人编著的《汉语作为第二语言的词汇教学》首先重视汉语词汇的教学应用，其次重视计算语言学知识和技术的应用。

李开（2002）认为："对外汉语教学隶属于汉语教育学，更确切地说，隶属于汉语言对外教育或汉语言对外教育学……对外汉语教学的研究工作者既要谙知汉语本体内容，更要懂得语文教育学、语文教育心理学、语文教育哲学的内容。吕必松（2007：12）否认汉语理论是对外汉语教学的本体理论，强调汉语教学理论是对外汉语教学的本体理论。本书是以第二语言词汇教学的实践为基础的，在词汇教学实践中我们碰到了什么问题，这些问题可以用哪些理论和方法来解决，因此本教材所研究的词汇学理论与方法是可以直接拿来指导教学实践的，不是为讲理论而讲理论，偏重于理论的"应用"，教材中常有如何指导教学的建议。

　　汉语国际教育硕士词汇学教材应强调词汇教学方法和技巧的呈现，为此我们提到第二语言词汇教学法中的网络化教学法、语素教学法、语料库的分析等，还注重词语展示、解释、练习、复习的技巧。本教材关注留学生习得汉语的问题以及解决这些问题的方法。留学生的偏误和母语学习者的偏误不同，教材应该更多地搜集这方面的第一手材料，进行偏误分析，让汉语国际教育硕士能预测将来的词汇教学难点，并有相应的教学策略。汉语国际教育硕士词汇学教材应加强词汇教学的案例分析，通过案例分析，研究教学者的得失，为提高教学效果服务。

　　本书的语言教学贯彻了语言知识技术路线，笔者认为汉语作为第二语言的词汇教学可借助计算机技术进行，应用计算语言学的统计分析的思想，借助真实的语料库帮助汉语的词汇教学。从词语的生动展示到对外汉语教学词库的构建，语料库从搜索查询到第二语言教学词典的编纂应用，词语的统计，词语的释义等很多具体词语的描写都可以应用计算机技术，甚至于教学案例库的构建，都可以构成语言教学资源的一部分。

本章参考文献

　　1. 冯丽萍：《中级汉语水平留学生的词汇结构意识与阅读能力的培养》，载《世界汉语教学》2003年第2期。

　　2. 何清强：《论第二语言汉语教学语法的"本位"》，载《汉语学习》2006年第2期。

　　3. 李开：《汉语语言学和对外汉语教学论》，中国社会科学出版社2002年版。

　　4. 李如龙、杨吉春：《对外汉语教学应以词汇教学为中心》，载《暨南大学华文学院学报》2004 年第 4 期。

5. 吕必松：《汉语和汉语作为第二语言教学》，北京大学出版社 2007 年版。

6. 吕文华、鲁健骥：《外国人学汉语的语用失误》，载《汉语学习》1993 年第 1 期。

7. 温晓虹：《汉语作为外语的习得研究——理论基础与课堂实践》，北京大学出版社 2008 年版。

8. 张敏：《认知语言学与汉语名词短语》，中国社会科学出版社 1998 年版。

第二章 词汇单位

本章主要剖析了语素、词、固定短语等词汇单位,重点讲解了汉语作为第二语言教学中所涉及的教学难点,如离合词和成语的教学。本章还介绍了现代汉语词汇的构成和特点,着力探讨了第二语言教学中的词汇量问题。

本章力图将语素、词、词汇等基本概念和汉语作为第二语言教学的实践密切结合,通过本章对词汇单位的介绍,让汉语国际教育硕士掌握现代汉语词汇的面貌,同时了解汉语作为第二语言词汇教学的重点、难点问题,明确地把扩充外国学生的词汇量作为第二语言词汇教学的目标之一。

第一节 什么是语素

一、语素的定义

语素是最小的音义结合体,是能够区别意义的最小的语言单位,是构成词的要素。例如"书",是一个语素,它的语音形式是"shū",它的意义是"成本的著作";"马虎"也是一个语素,它的语音形式是"mǎhu",意义是"不认真"。它们都是最小的音义结合体,不能分解成更小的有意义单位。

有些留学生觉得每个汉字都是词,这是不对的。现代汉语中有很多汉字不是词,比如"了解自己的人就是朋友",其中"了"、"解"、"自"、"己"、"朋"、"友"等就不是词,它们要跟别的汉字在一起时才可以组成词或者成语,比如"了解、自己、朋友"等,

"自"除了跟"己"构成"自己"一词外,还可以组成"自我、自觉、自知之明","己"还可以组成"知己"等词。

语素是构成词的单位。像"己"和"朋"这样的语言单位,不是词,是语素,语素比词这个单位小。

二、语素的分类

语素可以根据不同的标准分出各种类型,如按音节多少,可分为单音节语素和多音节语素。

汉语的语素不同于印欧语这样的屈折语,汉语的语素大多是单音节的,写下来就是一个汉字,如"天、地、河、农、士、啥、而、吗"等,汉语单音节语素占大多数。

汉语语素还有双音节的,如"狡猾、蘑菇、仿佛、蜘蛛、荒唐、苗条"等,这些语言单位分开是两个音节,但分开后每个音节都是没有意义的,所以"狡猾、蘑菇"等都是由一个语素构成的词。汉语语素也有多音节的,如"冰淇淋、马赛克、海洛因、哈尔滨、乌鲁木齐、奥林匹克"等,这一类的翻译过来的词拆开之后意义和原词的意义不相关,因而把"冰淇淋、马赛克"等看成一个语素。双音节语素有一部分是从外语借来的,三音节以上的语素几乎全是从外语借来的。

以语素的构词能力为标准的分类,很有实用价值。根据这个标准,可以把语素分为三种:

1. 自由语素

能够独立成词的语素叫自由语素,许多自由语素也能够与其他语素自由组合成词。例如:

人 牛 火 水 走 跑 收 分 懂
远 重 够 行 我 你 谁 不 又

2. 半自由语素

不能单独组成词,只能同其他语素自由组合成词,在构词时位置不固定的语素叫半自由语素。如：

民　语　伟　习　操　境　丰　型
奋　卫　荣　羽　固　涉　视　武

3. 不自由语素

不能独立成词，而且同别的语素组合成词时位置固定的语素，叫做不自由语素。如：

阿　子　们　性　者　家（画家、作家）　儿（画儿、鱼儿）

我们可以根据语素在词中的不同作用把词分成词根和词缀。词根是词的核心部分，词的意义主要是由它体现出来的。它可以单独构成词，也可以彼此组合成词，也可以和词缀一起构成词，如"一"，可以单独成词，也可以组成"一起、一律、一样"之类的词，还可以和"第"这个词缀一起构成"第一"这样的词。

词缀按与词根语素的位置关系，可以分为前缀和后缀。黏附在词根前面的词缀称为前缀，黏附在词根后面的词缀称为后缀。

关于词缀的范围，各家确立的内容都不一样。如吕叔湘(1979)针对"汉语里地道的语缀不很多"的现象，提出了"类语缀"一说，并列举出了"可－、好－、难－、准－、类－、亚－、次－、超－"等18个类前缀和"－员、－家、－人、－民、－界、－物、－品、－度"等23个类后缀。朱德熙(1982：29)认为"真正的词缀只能黏附在词根成分上头，它跟词根成分只有位置上的关系，没有意义上的关系。"朱先生只列举出了"初、第、老"3个前缀，"子、儿、头、们、着、了、过、的、得"等8个后缀，还认为"性、式、自"都不是词缀。朱亚军(2001)所列的词缀，则包括前缀22个，后缀39个。考察词缀和类词缀，主要从能产性、定位性、意义的虚化与否、成词与否等四个方面加以说明。

第二节 什么是词

一、词的定义

语素可以组合成词，那么什么是词？词是语言符号的单位，它是一种音义结合体，词在交际中的主要功能，就是用来组成句子以表达思想。第二语言教学中课文一般都配备生词表，生词的读音和意义都会标明，词是由声音和意义相结合而成的统一体。句子可以由词组成，词是造句的备用单位。

词是由声音和意义相结合而成的统一体，在语言中它是最小的能够独立运用的语言单位。

对词的划分，对于以汉语为母语的人来说，没有太大的问题。若问"她是谁？"答："她是我朋友。"这一问一答两句话，前一句是由"她"、"是"、"谁"3个词组成的，后一句是由"她、是、我、朋友"4个词组成的。由于"朋友"切开之后不能单独说，不能独立应用，所以"朋友"是一个词。

词的划分对于有语感的汉族人来说，不会有什么分歧。但是对于外国人来说，就存在"分词"问题。比如有这么一段话："倒是亚里士多德的一句话很简单：'我的朋友们啊！世界上根本没有朋友。'事实上，世界上还是有朋友的，不过要打着灯笼去找，或者像沙里淘金一样去找"。有一位留学生在阅读时，受前面"亚里士多德"一词的影响，认为"沙里淘金"是一个人名，是一个词，这样在理解中自然会产生偏误。

汉语不是以词为书写单位的，而是以"字"为书写单位的，所以在第二语言词汇教学中，应该教学生分词，让学生能在言语片断中正确地分词。比如在留学生的阅读过程中，有个别学生是逐字读，不会分词，不会停顿。应提醒学生，词与词中间一般能停顿一下，它们都有一个意思，可以按词读，在词和词中间留下一个短暂的停顿，培养学生的"词感"。

词有没有意义？词必须具有一定的意义。词是一种音义结合体，每个词都必须具有自己的意义内容。比如"股票"一词，有的学生谈起来就很兴奋，因为"股票"这个词直接和他的生活相关，这位学生炒股，所以学生很有兴趣学这个词；讲到"赔"这个词，学生会主动问："如果做生意没有赔，应该用什么词来表达？"教师可自然导入"赚"这个词。正因为词是有意义的，可以利用意义驱动学生主动学习，如学习"全职"一词，可设置情景导入，问女学生"假如你结婚了的话，你愿不愿意在家做全职太太？"由此激励学生了解"全职"一词的意义。

二、单音节词、双音节词、多音节词

词可以是一个音节，比如"人、的、是、也"等，我们称这些词为单音节词；词也可以是两个音节的，我们称之为双音节词，比如"中国、事业、觉得、了解、真正"等；词也可以是三个音节的，如"冰淇淋、照相机、办公室"等，词也可以是四个音节的，如"奥林匹克"等。

《汉语水平词汇与汉字等级大纲》》中双音节词最多，单音节词次之，列表如下：

音节数	单音节	双音节	三音节	四音节	五音节
数量	1941	6296	272	185	2
比例（%）	22.00	72.50	3.08	2.10	0.02

另据苑春法、黄昌宁（1998）构建的大规模数据库，二字词有 45960 条记录，三字词有 3930 条记录，四字词有 4820 条记录，双音节词也是最多，四字词第二，这里的四字词和上表中的四音节词包括了成语。

关于词的切分和语素的辨认，语言学的方法主要有同形替代法，所谓替代法，也就是某个语言片断的各个成分进行同类替换。① 比如"事业"这个语言单位究竟是一个词还是一个语素呢？可以采用"同形替代法"，"事业"可以替换成别的"X业"，如"工业、农业、作业、企业、商业、失业、专业、产业"等，这里的"业"都和工作相关；"事业"还可以替换成别的"事X"，如"事变、事例、事态"等。由此可见，"事业"是由"事"和"业"两个语素构成的词。

三、词和短语

词和词按照一定的方式组合成的格式叫做"短语"，有的学者把"短语"称之为"词组"。

短语是比词高一级的单位。词和短语都可以单独回答问题，比如问学生"你觉得这堂课怎么样？"，有的学生会回答"无聊"，有的学生则回答"不好"。从语言单位上分析，"无聊"是一个词，而"不好"是一个短语，因为"词是最小的能够独立运用的语言单位"，短语虽然也是独立运用的语言单位，但不是最小的能够独立运用的语言单位。

如何区分词和短语，一直是一个引起关注、存在争议的问题。陆志韦（1937）在《北京话单音词词汇》中首先给出了一个鉴定词和非词的同形替代标准，其基本操作方式是这样的：

我吃饭	我吃饭
他吃面	我盛饭
猴儿吃花生	我煮饭
……	……

在左栏的实例里，"吃"出现的环境"我……饭"可以被"他

---

① 参见陆志韦（1957）的《汉语的构词法》。

……面"、"猴儿……花生"替换,在右栏的实例里,"吃"在相同的环境下可以被"盛、煮"替换。于是"吃"就是词。陆志韦(1937)认为,所谓"同形替代",至少得是"同类替代"。①

王力的《中国现代语法》(1943)、《中国语法理论》(1944)、《中国语法纲要》(1946)在区别词和词组时,运用"插入法"和"转换法"来区别词和词组。所谓插入法就是看两个成分之间能否插入一个成分,能插入的是词组,如"白手套",可以说成"白的手套",是词组,而"白菜"不能说成"白的菜",是词。所谓转换法是看两个成分之间是否能换位,能换位的是词组,不能换位的是词,如"白手套"可以说成"手套是白的",是词组,"白菜"不能说成"菜是白的",是词。但王力也没有深入展开讨论。

陆志韦(1957)在《汉语的构词法》一书中提出扩展法,扩展法的基本思想是,如果 AB 之间能插入 C,形成 ACB,并且 AB 和 ACB 的结构基本相同,AB 就是词组或结构:

原型　　　扩展
黄纸　　　黄的纸　　词组
铁路　　　*铁的路　　词

扩展法是比单说论②、同形替代法更有效的提取词的方法,因为这种方法基本上和词的生成能力联系起来了,而且适应范围也更广。当然扩展法还遇到一些困难,"洗澡、睡觉、散步、跳舞、上当"等可以扩展,陆志韦认为扩展时是词组,没有扩展时是词;另外,"看见、说完、记住、染红、放下、穿上"虽然结合得比较紧,但可以插入"得、不"等,怎么处理在理论上还没有统一起来。

---

① 参见《陆志韦语言学著作集》(三)第17页。
② "单说论"中的"单说"是指"切分出来的成分可单说",如"走路"中的"走"和"路"都可以单说。

四、离合词

离合词是现代汉语中一种特殊的语言现象,是词和短语之间需要界定的一个特殊范畴。它很早就引起语法学界的关注,在对外汉语教学中也是一个较难处理的问题。

关于"离合词"的语法性质,学术界一直存在着争议。有的学者认为这种词是短语,也有人认为是词,还有人认为是离则为短语,合则为词的离合词。其中"短语说"和"离合词说"影响最大。[①]

1957年,陆志韦正式提出了"离合词"这个概念。所谓"离合词",通常是指这样一类语素组合(多为动名组合),这种组合"只有单一的意义,难于把这个意义分割开来,交给这个组合的成分,例如走路、睡觉、吵架、打仗等等,因此有人管这种组合叫'离合词',不分开的时候是词,分开的时候是短语"(吕叔湘1979)。至此,离合词这个术语一直沿用至今。

分析离合词的结构类型,大致可以分为三种:

(1) 动宾式,如"操心、理发、吃苦、跳舞、鼓掌"等;根据构成动宾式离合词的语素能否独立成词,又可以细分为四类[②]:

第一类是表示动作行为的语素(以下简称"动语素")可以独立成词,表示动作行为所关涉支配的对象的语素(以下简称"宾语素")一般不能独立成词。例如"塌台、傻眼、倒霉、洗澡、签约、破例、没劲、吃惊、站岗、见面、离婚、缺德、摔跤、发言、亏本、道歉、散步"等。

第二类是动语素不能独立成词,宾语素可以独立成词的。例如"迷路、冒险、发抖、赌气、曝光、遂心、发愁、带头、结账、着急、闭幕、留神"等。

[①] 引自赵淑华、张宝林:《离合词的确定及对其性质的再认识》,载《语言教学与研究》1996年第1期。

[②] 转引自段业辉:《论离合词》,《南京师范大学学报》1994年第2期。

第三类是两个语素均可以独立成词的，如"逃课、生气、翻脸、算命、点名、放心"等。由"自由语素＋自由语素"的格式构成的很多离合词，如"吹牛、兜风、扯皮、找茬儿"等，其结构成分结合紧密，各个成分合在一起共同表达一种特殊的含义，其中不少离合词使用了一些修辞方法，大多采用比喻修辞方法，如"吹牛、变卦、加油、见鬼、坑人、溜号、露馅儿、亮相、没门、抹黑、泡汤"等，还有采用借代修辞方法的，如"兜风、过门、买单、卖座、拍板、聊天儿、扫墓"等。

第四类是两个语素均不可以独立成词的，例如"结婚"。

（2）动补式，如"推翻、提高、长大、养活、说服"等。动补式离合词，前一个语素性质比较单纯，是动词性的；后一个语素，从性质上看，是形容词性或动词性的。动补式离合词都能在两个语素之间加助词"得"或否定副词"不"，扩展后仍可带宾语。

（3）联合式，如"游泳、洗澡、睡觉"等。这种离合词从结构上看是联合式："游"是在水中浮行，"泳"是"浮游"；"洗"是"用水除去污垢"，"澡"是"洗涤"；"睡"是"进入睡眠状态"，"觉"是从睡眠到醒来。但在语言实践中，却大都把这类词当作动宾来使用了。如"游了一会儿泳"，"洗了一个热水澡"，"睡了一个好觉"等。

从构成离合词的两个语素之间的关系来看，动宾式离合词在数量上占有绝对优势。由于离合词可离可合的特点，在使用时也必然存在着和其他类型词的不同之处。什么时候该离，什么时候该合？对于汉族人来说，不是问题，而对于外国学生来说，却是一个很容易弄错的问题。

（1）你生气我吗？（你生我的气吗？）

（2）他帮忙我了，我一定请客他。（他帮我的忙了，我一定请他的客）

当离合词表示的动作涉及人,如例(1)、(2)时,为了要把人引出,需要用离合词"离"的形式,当然,有些也可以用介词把涉及的对象引出,放在离合词的前面。但大部分只能用离合词的扩展形式,如:

帮忙:帮他的忙/给他帮忙　　问好:问他好/向他问好
沾光:沾他(的)光　　　　　　做主:做他的主/给他做主
当面:当我(的)面　　　　　　点名:点他(的)名
丢脸:丢我的脸/给我丢脸　　　请客:请他(的)客
领情:领他(的)情　　　　　　伤心:伤他(的)心/让他伤心
告状:告他(的)状

一般地说,离合词的扩展有三种情况:

第一,当离合词表示动作的持续、完成和经历过,用"着、了、过"扩展,如"发着抖、造了反、散过步",大部分离合词都可以插入"着、了、过",如"理发、洗澡、发言",有的就有所限制。表示动作状态的持续和进行时,中间插入"着";表示动作已经完成、实现,中间加入"了";表示动作是过去的经历,中间插入"过"。如:

(3)他发烧着也来上课(他发着烧也来上课)
(4)你什么时候吃亏过(你什么时候吃过亏)
(5)虽然这么多年都没见面过……(虽然这么多年都没见过面)
(6)报名完了我们就回家。(报了/完名我们就回家)

第二,用数量词扩展,如"帮个忙、打一年仗"等,这里的数量词位置是放在动语素和宾语素之间,而外国学生则常常把数量词放到离合词的后面,如:

(7)坐船时间一个多小时。(坐一个多小时的船)
(8)我和师傅握手了两次。(握了两次手)
(9)昨天晚上我们散步了半个小时。(散了半个小时的步)

第三,用"什么、点儿、他的"等其他成分扩展,如"吹什么牛、操点儿心、造他的反"等。也有插入较复杂的语言成分的，如"发了一整晚的愁"、"砸了自己的锅"。还有插入趋向动词，如"起、上、下"等，如"生起气来、放下心来"等。关于这类偏误，如学生说：

（10）你们为什么抓他？他犯罪什么了（犯什么罪）？

离合词在词汇中所占的比率较大，在《汉语水平词汇与汉字等级大纲》中 3950 个动词（含兼类词）和短语的范围内，共有 355 个可离可合的动名组合。也就是说在动词和动词短语中约有 1/10 是属这种结构（赵淑华、张宝林 1996），这样大的概率实在应该使我们对离合词有一个高度重视。离合词的教学重要不仅因为离合词数量众多，出现频率高，而且出现时间早，基础阶段的学生开始就常使用，留学生使用离合词出现的偏误多。所以应该重视离合词的教学。

第三节　词汇与词汇量

一、词汇的定义

一般对外汉语教材中，每本书的后面都会列出词汇表，那么什么是词汇呢？

词汇又称语汇，是语言的建筑材料，也是一种语言里所有的或特定范围的词和固定短语的总和。固定短语的构成成分不能随意变更或增减，组合顺序不能随意改动，如成语"雪中送炭"不能说成"送炭雪中"、"雪里送炭"等；固定短语的意义一般不是它的构成成分意义的简单相加，而是在字面义基础上形成的抽象而完整的意义，如惯用语"泼冷水"不是指泼洒冷水，而是用来比喻打击人的热情。固定短语和词一样，也是一种造句的语言单位，作用相当于词。

常见的固定短语有成语、惯用语、谚语、歇后语、复杂专有名词等。成语如"唇亡齿寒"、"指鹿为马"、"画蛇添足"、"人面兽心"、"狼狈为奸"、"酒囊饭袋"、"和风细雨"等,惯用语如"笑面虎"、"戴帽子"、"开小灶"、"狗腿子"、"落汤鸡"、"狗咬狗"、"狗吃屎"、"刀子嘴,豆腐心"、"吃着碗里,看着锅里"等,谚语如"心急吃不了热豆腐"、"强龙压不住地头蛇"、"狗嘴里吐不出象牙"、"井水不犯河水"等,歇后语如"骑驴看账本,走着瞧"、"黄鼠狼给鸡拜年,没安好心"、"碟子里扎猛子,不知深浅"、"小葱拌豆腐,一清二白"等。汉语反映客观事物,习惯于用具体、形象的词语,用意象组合的方法,使语言的表达充满隐喻。

词汇只能指许多词语的总和,如汉语词汇、英语词汇、方言词汇、鲁迅的词汇、《三国演义》的词汇等,不能单指一个词。

二、现代汉语词汇的构成和特点

现代汉语从古代汉语接受了汉语的基本词汇和一大批通用至今的词,随着社会和语言的发展,不断产生新词。作为汉民族共同语的普通话以北方话为基础,也适当吸收各方言的词语来补充和丰富自己。在同国内外其他民族的交往中,还吸收了不少外来词。各种学科各个行业使用的术语或行业语也在丰富现代汉语的词汇。从历代的书面作品和口语运用中还产生了大量熟语。所有这些,都成为现代汉语词汇的构成部分。

1. 基本词汇和一般词汇

试看下列 A 组词和 B 组词有什么区别:

A组:天 地 山 水 月 人 鸟 牛 羊 风 雨 阴 晴 花 草 树 河
　　　头 手 口 眼 腿 脚 心 肺 肝 胃 耳朵 鼻子 胳膊

父亲　母亲　爸爸　妈妈　姐姐　弟弟　叔叔　姑姑
爷爷　奶奶
书　笔　纸　车　布　线　刀　碗　盆　瓶　盒　门
窗　桌子
米　面　粮　油　盐　柴　煤　菜　糕　饼　鱼　肉
走　跳　看　想　生　死　睡
红　白　甜　苦　方　圆
上　下　前　后　左　右
一　二　十
我　你　他　谁　这　那

B组：天子　朝廷　丞相　吾　尔　囹圄
　　　导弹　视频　数码相机
　　　搞　垃圾　瘪三
　　　咖啡　吉他　克隆　啤酒　芭蕾舞
　　　内科　外科　眼科　挂号　门诊　旺季　淡季　库存

A组是基本词，它们表示着人们日常生活中最必需的事物和概念，所以基本词和人们生活的关系密切。

从词在词汇系统中的地位和作用的角度进行分类，可以把词汇划分为基本词汇和一般词汇两大类。基本词汇是语言中基本词的总汇，它是语言词汇中主要的不可缺少的部分，语言的基本词汇和语法结构共同形成语言的基础。所以如果某种语言的基本词汇改变或消亡了，就意味着这种语言不存在了。

基本词汇具有以下三个特点：

第一，普遍性。基本词汇和人们生活的关系最密切，所以它为全民普遍使用，使用的范围最广，使用的频率很高。

第二，稳固性。基本词汇在千百年前就出现，在历史上存在很长时间。如"天、山、火、人、上"等，这些词沿用至今，仍然属于现代汉语的基本词汇。"民主、科学"，"五四"时期才出现，虽然历史不长，但是它们从性质地位和作用来看，仍然属于基本词汇。

第三，能产性。基本词构词能力强，是构成新词的基础。比如"人"能构成合成词或固定短语在《现代汉语语法信息词典》中可达1000个，如"爱人、别人、工人、人民、人们、目中无人、损人利己"等；以"山"构成的合成词或固定短语在《现代汉语语法信息词典》中可达372个，如"山区、山地、火山、万水千山"等。

2. 一般词汇的构成

基本词以外的词的总和就是语言的一般词汇。与基本词汇相比较，一般词汇使用的范围比较狭窄，使用的频率也比较低，在稳固性和能产性方面，都要比基本词汇弱得多。但是一般词汇也有自己的特点，它在反映社会的变化和发展方面是非常敏感的。

词汇的发展在某种程度上反映了社会发展的面貌，因此词汇的发展要比语音和语法部分的发展迅速得多。

一般词汇包含的内容丰富而且广泛，具体说来，包括古语词、新词、方言词、术语、外来词等等。

(1) 古语词

古语词可以分为两类：历史词语和文言词语。历史词语指的是历史上出现过的而现在不再存在、或者只是作为遗迹文物存在的事物现象的名称，也包括历史上出现过的神话传说中的事物的名称。比如"令尊"、"贵庚"、"孔子"、"秦始皇"、"焚书坑儒"等历史上的词语。文言词语是在古汉语中，特别是它的书面语中使用但现代一般场合已不使用的词语。文言词语表示的概念今天还存在，但现代汉语中已另有词语来称呼它，这是它不同于历史词语之处。文言词语中有很多是单音节的，到现代许多已经成为不成词语素，如"足（脚）"、"观（看）"，现代汉语中常用的是这些语素构成的词，如"足球、插足、足疗"，再如"观察、观赏、

参观、乐观、美观"等词。文言词语还包括一些文言虚词，如"之、乎、何"等

(2) 新词

随着社会生活的发展，科学技术的发展，语言中不断产生新词。新词可以表示新生的具体事物，如"手机、u盘、软件、微软"等，可以表示新出现的抽象概念或事物现象，如"一国两制、和谐社会"等；可以表示新的动作行为，如"瑜伽、炒作、下载、开盘"等。

(3) 方言词

普通话词汇同方言词汇有很大的不同。如北京话说的"饺子"，湖北、闽南、客家话指馄饨；普通话的"蚊子"，湖南话还包括"苍蝇"；普通话的"笛"，福州指的是箫；粤语把聪明的女孩子叫"精女"，把漂亮的小伙子叫"靓仔"。普通话在发展过程中，吸收了一部分方言词语，如闽语的"马铃薯、龙眼"等，吴语的"腐乳、尴尬"，西南话的"搞、名堂、晓得"等。

(4) 术语、行业语

术语指各种学科用的专门用语，涉及生物、数学、物理、化学、社会科学、艺术、工业、金融等方面，如"商品、资本、价值、可变资本"是经济学术语。行业语指社会中某一行业所用的词语，如教授的商贸汉语中常用"收购、挤兑、破产、营销、利润、风险"等词。

(5) 外来词

外来词是受外族影响而产生的词。在社会发展过程中，不同国家和民族的相互交往，必然会影响到各民族之间语言词汇方面的相互吸收。通过这种原因和途径产生的词就叫做外来词。所谓外来词是指来源于外语影响而产生的词，绝不就是外语中原来的词。因为任何一种语言在接受外语的影响时，都要在原来外语词的基础上，再经过一番重新改造和创制的过程。

汉语借词形成的途径有三条：

第一，音译词，模仿外语词的语音形式，再用汉语语音加以改造，使它符合汉语语音的特点和规则，从而产生新词。如：

咖啡、沙发、坦克、雷达、逻辑、酷

由于外语的普及和社交的频繁，人们直接将外族词不加改变地吸收到汉语中来，比如字母词，有"WTO、VCD、DNA、CPU"等等。

第二，半音译半意译，把汉语语音化了的外语词和与该词意义有关的汉语语素相结合，从而形成新词。这类词通常是在转写的借词后加一个"指类名词"，表明它的属性。如：

啤酒、卡车、芭蕾舞、吉普车

还有一种半音译半意译的方式，是将原文的一部分按读音转写，另一部分却不按读音而按语义翻译写成汉字。如"冰淇淋"等。

第三，意译词，借鉴于外语词所表示的意义，然后用汉语的语素和组词规则形成新词。如：

足球、铁路、民主、鸡尾酒会

3. 基本词汇和一般词汇的关系

基本词汇和一般词汇都有各自的特点，因此，它们是语言词汇中两个完全不同的部分。但是另一方面，基本词汇和一般词汇又有非常密切的联系，它们相互依存，共同发展。

基本词汇是语言的基础，它也是一般词汇形成的基础。一般词汇中的大多数词，都是在基本词汇的基础上形成的。

一般词汇反映社会的发展是非常敏感的，它也是一般词汇形成的基础。一般词汇中的大多数词，都是在基本词汇的基础上形成的。①

一种语言的词汇越丰富发达，其表现力也就越强。词汇反映着社会发展和语言发展的状况，也标志着人们对客观世界认识的广度和深度。词汇量的多少以及词汇的掌握程度是决定第二语言学习者水平的重要指标，因为它决定了交际的有效性和信息的获取量，包括阅读获得的信息、影视欣赏获得的信息等。

词汇是一个开放性系统，容量无限，因此第二语言的词汇教学首先要考虑的是词的选择问题。所谓词的选择，也就是确定要教的词的范围。

据《对外汉语教学理论与语言学科目考试指南》，选择所要教的词汇的标准有很多：A. 频率，指一个词在交际中（包括口头和书面）出现的次数；B. 范围，指一个词在不同的话语范围中出现的次数（语体频率）；C. 可用性，指一个词在某种情景中出现的频率（情景频率）；D. 覆盖率，指一个词用来表达多少事情或行为等，也指一个词用来表达不同事物时跟其他词结合的能力；E. 熟悉程度，指操母语的人对自己母语的熟悉程度；F. 课堂交际用途，指教师在课堂上向学生调查，让他们写出想要学习的词语；G. 可学性，指词汇学习的难易程度，两种语言相近的词语就比较容易学习。在第二语言教学，选词的标准主要有两条：常用和构词能力强。另外，选词时还要考虑到学生的特殊需要和教学的特殊需要。

三、语块教学与成语教学

对外汉语教学的生词表中，除了出现词以外，还常常出现成语和一些习惯搭配，如"望子成龙、两全其美、因小失大、以

---

① 参见葛本仪：《汉语词汇研究》，外语教学与研究出版社 1985/2006 年版，第 27 页。

……名义"等等。这里"望子成龙、两全其美、因小失大"是成语,"以……名义"是习惯搭配,这些成分都收入生词表中,可看出在汉语作为第二语言的词汇教学中,非常重视语块教学和成语教学。

(一)"语块"教学

(1) 什么是语块?

《汉语水平词汇与汉字等级大纲》除收词外,还收录大于词的短语、结构、成语和习用语等,据李红印(2005)《汉语水平词汇与汉字等级大纲》收这些成分共 254 个,主要类别为固定格式、惯用语、"语块"和成语。其中固定格式共 34 个,语块 27 个,我们将固定格式和语块列成表,如:

《汉语水平词汇与汉字等级大纲》	固定格式	语　块
甲级	除了……以外,从……到……,从……起,……得很,……分之……,……极了,连……都/也,一边……一边……,一……就……	为什么,有时候
乙级	边……边……,从……出发,当……的时候,……的话,非……不可,既……也……,既……又……,一……也……,一方面……一方面……,越……越……,越来越……	不是吗,感兴趣,进一步,没用,算了,有的是
丙级	不是……而是……,不是……就是……,到……为止,对……来说,就是……也……,拿……来说,一面……一面……,愈……愈……	得了,对了,或多或少,就是说,无论如何,有一些,这样一来,总而言之
丁级	从……看来,非……才……,……来看,……来讲,……来说,连……带……,一会儿……一会儿	编者按,除此之外,看起来,可想而知,来回来去,没吃没穿,通货膨胀,推来推去,由此可见,与此同时,总的来说

关于"语块",有的学者定义范围较宽一些,如高燕(2005)认为:"语块是根据语言习得理论,从教学的有效性出发,把交际中使用频率较高但又不是真正意义上的固定短语的词语组合形式(包括常用句式)作为词汇的单位,我们称之为语块,它是一种预制的语言板块结构,包含一定的结构和意义。这是从教学实用目的的角度提出的概念,因此可以称之为教学词汇。对外汉语词汇应包括本体词汇和教学词汇。"高燕的"语块"包括多词结构、插入语、框架语、关联词语、习惯搭配形式、口语惯用形式等。

钱旭菁(2008)认为语块是由两个或两个以上词构成的、连续的或不连续的序列,整体储存在记忆中,使用时整体提取,是一种预制的语言单位。传统的语言研究包括语法规则和由一个一个词构成的词汇两部分,但在实际的言语交际中,人们并不总是一个词一个词地说,"人们说出话语或写出言辞作品,除了使用词之外,还往往用上词的固定组合体"。[①]

语块是语言中符合语法规则的习用单位,语块的使用保证了语言是自然的、地道的,而存储于记忆中的大于词的语块减轻了编码负担,符合语言的经济原则。

(2)语块的交际功能

语块的产生与语用和交际功能是密不可分的。陶红印(2003)的研究发现,由"知道"构成的一些结构正逐渐走向凝固,"这些格式常常不带宾语,受主语类型等因素影响很大,同时还有明显的语音弱化形式"。更重要的是,它们通常具有特殊的语用意义。"我不知道"标示说话人猜疑,"不知道"标示说话人的不坚定态度,第二人称结构"你知道"作为调节谈话的一个手段。这些固化格式及其所具有的特殊语用功能的产生,首先是出于语言的主观特点和调节谈话双方交际的需求。正是这些深层交际的原因造

---

① 刘叔新:《词汇研究》,外语教学与研究出版社 2007 年版,第 214 页。

成这些格式在语用中以高频率出现,从而诱发这些格式产生共时语法化。这样的语法后果很难说是由结构构成成分的内在语法要求或语义性质决定的,恰恰相反,它跟动词的语法语义的要求可以说是背道而驰的。这就提醒我们,只凭语感研究语言或者只用控制语法成分组合的形式规则来解释语言很可能会忽略很多重要的语法现象。

再比如说,"看"的基本用法是一个动作动词。"看"最早用于"探望"义,"看"从魏晋时代开始成为"观看"语义场的常用词,现代汉语中用于一般的"观看"义、"观察"义最为常见(吕东兰1998)。我们这里所要讨论的是现代汉语中,"看"经常与人称代词"我"和"你"结合后,不仅仅能表示"观察"等动作行为义,还可以表示"认为"等认知动词义,还可以发展成为一种专表态度、意向的话语标记(discourse marker)。比如:

(1) a. 我看哪,你就跟她过吧,啥户口不户口的。(张贤亮《邢老汉和狗的故事》)

(2) a. 你看,人家指控你的每个行为都有充分的旁证。(王朔《我是你爸爸》)

例(1)和例(2)中的"看"与人称代词"我"和"你"配合后,不是表示动作行为义,而是表示一种说话人的推论,因而我们说"我看""你看"成为一种表示个人看法的词语,和韩礼德所说的人际功能有关,属于一种"认识情态"。所谓认识情态(epistemics),是以主观性为特征的,关系到"对命题的信仰、知识、真实性"等问题以及"说话的人对其所说的话的坚信程度"。(Palmer:1986:18)

"看"与第三人称代词"他"或"她"配合后,不表评价义,不能表示说话人的看法。如例(2)可变换成:

(2) b. 我看,人家指控你的每个行为都有充分的旁证。

但在例(2)王朔的小说中不能变换成:

＊（2）c. 他看，人家指控你的每个行为都有充分的旁证。

因为人称代词"我"和"你"同"看"配合后，经常表示评价义，有一种"主观性"（subjectivity）蕴含其中，这个特点与"看"的本义——"观察义"不同。所以本文重点研究"我看"与"你看"。

"我看"和"你看"由于经常用来表示个人看法，渐渐凝固成为一种话语标记的用法。所谓"话语标记"（参看 Schiffrin, 1987; Bussmann, 1996; 方梅, 2000），其功能主要有四个方面：(1) 话语转接（turn-taking），(2) 话题处理（topic management），(3) 指示说话人的态度（speaker's attitude），(4) 指示段落或意群的开始和结束，如英语里的 first 和 then。按照《国外语言学通观》的解释，话语标记指的是一些界定谈话单位的顺序依存成分，如关联词（and, but, or），语助词（oh, well），副词（now, then），以及词汇化短语（y'know, I mean）。像"I mean"、"y'know"及"now"这类标记是表现说话人对讲话的对象以及所讲的内容的态度与主观倾向的重要手段。现代汉语中的"我看"与"你看"也可以表示说话人的主观态度，发展成为一种话语标记的用法。

英语中也有类似的表达，Halliday（2000: 354）认为 'I think' 是在一个复句中，用一个独立的小句来表达情态，'I think' 与 'John think' 是不同的，如：

(3) I think it's going to rain, isn't it? ＊don't I?

(4) John thinks it's going to rain, doesn't he?

例（3）可以变为"it's probably going to rain (isn't it?)"，而例（4）不行，例（4）是 John 实实在在地想，例（3）中"I think"是表情态的。

另外，"事实上"、"实际上"、"老实说"、"说实话"、"说句老实话"和"确切地说"这些标示实际情况的连接成分，也是一种"话语标记"。

"语块"属于表达的半成品,学习者首先机械地整体地使用一些基本的语块,其内部结构和语义构成是他所意识不到的,随着词汇量的增加以及对句法规则的初步认识,自然而然地会将现成的语块分解离析为一个个的构成成分,从而对词和语块以及句法规则有进一步深入的理解。随着语块的不断积累,学习者的表达也会越来越准确、流利和得体。

传统语言学观念里,人们通常认为"什么"的主要功能是表示疑问。但是通过对自然口语材料中出现的"什么"进行分析,发现"什么"在自然语中表示很强的疑问信息的情况很少,"什么"在对话体中更多地表示否定、怀疑、不确定的功能以及相应的篇章功能——替代、话题处理、话轮处理等(王海峰、王铁利2003)。如:

A:嗯,
　　你你——
　　那个什么,
　　上——
　　上那个博士,
　　住宿它管吗?

上例中"那个什么"在这里就起到将一个尚不具备话题特征的言谈对象置于话题位置上,处理为话题的作用。

对外汉语口语教学,尤其是中、高级口语教学,我们常常感到学生的对话表达,特别是表达中的篇章衔接能力不太理想。学生往往长于模仿课文对话,但在自然对话中,对话题及话轮处理等方面时有障碍。这其中原因很多,但教材课文对话贴近自然会话的程度也许是一个相关因素。

王海峰、王铁利(2003)选取了较有影响的一套口语系列教材的一部分——北京大学出版社出版的《中级汉语口语》(上)(1996)、《中级汉语口语》(下)(1997)、《高级汉语口语》(上)

（1997）和《高级汉语口语》（下）（1999）作为样本，对这四本教材中出现的"什么"的用法进行了粗略调查。

调查结果显示："什么"共出现了287个，各用法的分布比例与我们在自然口语中调查的情况很不一致，其中有两项截然相反：(1) 自然口语中作疑问标记的"什么"只出现了11个，占总数的8.03，几乎最少；而教材中却出现了145个，占总量的50.5，位居第一。(2) 作为话语标记的"什么"，在自然口语中占总数的30.66，位居第一；而在教材中却只出现了2例，仅占总数的0.7，位居最后。这能否从一个角度说明所调查的教材在贴近自然口语方面，至少在篇章方面注意不够呢？当然教材的对话课文同自然对话并不完全是一回事，教材的编写要考虑许多因素。但篇章表达是中高级班学生的重要技能，是非常重要的一环，对这一技能的训练不可或缺。也许该调查结果对改变目前口语教材中存在的"书面化口语"状况有一定的参考价值。

（二）成语教学

在汉语作为第二语言的词汇教学中，成语是一个教学难点，下面专门探讨一下成语教学。

成语是最能体现固定短语特点的，汉语的成语以四个音节为主，字面上表现为四字格。成语大多来自历史事件、寓言传说，如"四面楚歌、亡羊补牢"等，也有的来自诗词名言或来自民间口头用语，如"名正言顺、欢天喜地"等。

成语是一种相沿习用并有特定意义的固定短语，它浓缩了人类社会悠久历史和灿烂文化的精华，是汉语词汇的一个宝库。成语虽然是由词组成的短语，却也是作为一个整体组成句子的备用单位，也具有建筑材料的性质和作用，语言词汇是不能把这些成分排斥在外的。

在词汇的组成上汉语成语和词具有同等的地位，但是实际上成语不同于词。从构造上说，它的结构方式要比词复杂得多；从组合关系看,由于语法结构、语法功能的不同,在与其他词语组合时也有诸多限制。由于不清楚成语的语法性质和语法功能,留学生在成语使用中经常不明白成语的意思,问"这个词语该怎么用",教师应对成语的意义进行充分的解释,更重要的是要举出典型例句,如学到"门庭若市"时,应该讲解成语的意思,还要说明这个成语怎么用,给出足够的例句,学生明白后可自主造句,如"他们的生意很好,门庭若市"。

在学生的作业和写作中,发现成语的使用有很多偏误。尤其在留学生进入中高级阶段学习以后,随着汉语水平的提高,留学生在语言表达中使用成语的意识会逐步加强,这既是他们自觉追求提高语言表达能力的主观要求,也是他们进一步提高汉语理解力和表达力的客观要求。因而,成语在针对中高级学习者的教学中具有十分重要的地位。但是,成语不属于基本词汇,而且其自身在结构、语义和语法方面存在自足性和封闭性的特点,这使得留学生在使用成语时经常出现偏误。如学生在介绍一位日本英雄时说道:

(1) 他对妻子的死心塌地的爱情也是他很有人气的原因之一。

例(1)中"死心塌地"为贬义词,这里用这个词感情色彩不妥当。

成语的偏误有很多是语义偏误,比如:

(2) 我还是走马观花地看了他的一部分性格。

《现代汉语成语规范辞典》是这样解释"走马观花"的:"骑在奔跑着的马上看花。原形容愉快得意的心情,后指大略地观看一下。"但"走马观花"在词典训释中没有明确说明观看对象的语义类别。如果明确指出粗略观察的对象是大的景物、环境,便可以避免这样的错误。

在学生的成语偏误中,发现不能仅仅讲解成语的语义,而且要让学生明白该成语的句法成分,比如学生在作文中写道:

(3) 你应该尊重人们的乐山乐水。

"乐山乐水"是由两个动宾词组构成的动词性结构,而病句(3)却将该词语当作名词性词组"不同的爱好"来使用了。

成语的偏误主要表现在句法、语义、语用三个方面,很多学生不明成语的语法性质与句法功能,如不了解成语是名词性功能,还是动词性的、形容词性的,也不了解成语能做什么句法成分,加上缺乏对成语语用条件的说明,自然会产生成语的大量偏误。

王若江(2001)认为成语偏误的产生原因是多方面的:汉语成语有其特殊性,确实难以掌握;学生的汉语水平有限,以及文化背景上的差异,制约了对成语的理解和运用。所以成语的教学在汉语作为第二语言的词汇教学中是一个难点。我们认为能使用成语的学生,对成语不采取回避策略,首先应该肯定学生的挑战精神。在成语教学中,可以通过给学生讲成语故事,演成语故事来体会成语的用法,挖掘成语所蕴含的文化,如在留学生的表演比赛中,让学生表演"塞翁失马、愚公移山",让学生身临其境地体会成语的用法,教学效果良好。

四、词汇量
(一) 词汇量的标准

词汇量是影响学生汉语水平提高的一个关键性因素。针对不同的人群的词汇量是有限的,各类人士普遍使用的词是有限的,特定行业和特定专业人士专用的词也是有限的。常用词也是有限的,即使是以汉语为母语的中国大学生,他所掌握的词汇也是有限的。陈贤纯(1999)对中国人汉语词汇量有这样的论述:"北京航空航天大学'现代汉语词频统计'课题组做过研究,汉语的词汇量是4万……这仅仅是通用词汇,专业词汇的数量也很大。"根据农科院有关人士说,农业科学方面的专业词汇多达3—4万。所以,一个专业人士的听读词汇量估计是5—6万。

1992年6月,国家汉语水平考试委员会办公室考试中心制定的《汉语水平词汇与汉字等级大纲》正式颁布。10年来，它为我国汉语水平考试的开发和教材编写提供了明确的依据和规范，在对外汉语教学领域发挥了巨大的作用。《汉语水平词汇与汉字等级大纲》将词汇量定为8822个。

那么应该教给留学生多少词汇才是合适的？这就涉及一个词汇量的控制问题。教多少词汇主要由两个因素决定：一是教学目标，即要求达到什么等级；二是教学对象的特点和学习时限。前者是必要性，后者是可能性。词汇量的决定不但要考虑必要性，而且要考虑可能性。①

所谓必要性，就是达到某一种等级水平需要掌握多少词汇。假设水平等级分为初、中、高三个等级，这三个等级的词汇量分别为2500、5000和8500，那么每个等级所要求掌握的词汇量就为必要性。所谓可能性，就是在一定的时间内能够掌握多少词汇。人们学习第二语言不但要在课堂上学习，而且要在课外学习和习得。《汉语水平词汇与汉字等级大纲》是依据词语的频率及使用度对词汇进行的等级划分。人们一般总是先掌握高频词，后掌握低频词。有调查显示：留学生的甲级单音节词掌握得最好，甲乙级双音节词次之，丙级双音节词掌握得最差。

根据苏新春（2010：75）的研究，常用词表多在8000—10000条的范围，再小的只有2000—3000条。对一个有相当规模语料的调查，2000—3000条能达到累加覆盖率的70%—80%，8000—10000条能达到累加覆盖率的90%左右。累加覆盖率的覆盖趋势线在大量的词语统计中已能清楚地表现出来，尽管数量的宽窄度会随着语料规模的大小而有所变化。当然，接下来的关键问题就是让什么样的词语进入这个词种范围之中。

---

① 转引自吕必松：《汉语和汉语作为第二语言教学》，北京大学出版社2007年版，第178页。

据李清华（1999）介绍，相当长一段时间以来，大家被中高级汉语教材的超纲词过多这一问题所困扰。杨德峰（1997）列举了《中级汉语教程》（北京语言学院出版社 1987 年版）超纲词平均每课 65%，《汉语中级教程》（北京大学出版社 1989 年版）超纲词平均每课 54%，《现代汉语进修教程》（精读篇）（北京语言学院出版社 1992 年版）超纲词平均每课 58% 以上。这是几部使用比较普遍的有代表性的教材。另外，其他中高级汉语教材也都存在类似的问题，如《高级汉语教程》（北京语言学院出版社 1992 年版）、《汉语高级教程》（北京大学出版社 1989 年版）等，超纲词也都在 50% 以上。为什么超纲词如此之多？有人认为，是因多以文学名著为课文所致；有人则不以为然，理由是从报刊上选的热门话题超纲词也不少。究竟是什么原因，十余年来，争论不休，莫衷一是。作者认为，主要还是因为《汉语水平词汇与汉字等级大纲》的词汇量偏低。

尽量扩大学生的词汇量也是提高汉语水平的一个重要因素。王又民（2002）统计了外国留学生本科各阶段（语言技能类）教材累积用词用字情况与中国中小学各年级语文课本累积用词用字情况。统计表明，中国学生高中三年级毕业时，至少能用 26000 个词汇、4400 个汉字进行阅读，学习专业知识，他们还学过大量古汉语课文中的词汇和汉字，这些古汉语和汉字尚未计算在内。而外国留学生在进入中国大学学习专业或者编入中国对外汉语专业三年级班的时候，累积词汇才达到 7600 个左右，累积汉字才达到 2700 个左右。比进入大学学习的中国学生少学了 18400 个词语、1700 个汉字，因此外国学生跟中国学生同堂学习时，他们感到因词汇量与汉字量不足而带来的沉重压力也就不足为奇了。钱旭箐（2003）对日本学生阅读中的伴随性词语学习的研究发现，词汇量和猜测正确率有显著的相关关系。学习者的词汇量越大，他在阅读文章时不认识的词越少，猜测词语的正确率也就越高。

目前的汉语作为第二语言的教学中，在词汇量控制方面存在一些困难，难以测定学生在一定时间内能掌握多少词汇。难以测定的原因除了教材因素外，还有学生习得、教师教学等方面的因素，对人们习得字词的潜能以及学习和教学中的许多变量难以测定和控制，难以进行量化处理。真正学会一个词，不仅仅是记住字词就行了，除了记住字词以外，关键是要学会在恰当的语境中正确地运用，而这种运用能力的衡量标准是对词语的深度和广度的掌握。

（二）生词重现率

据苏新春（2006）对两种影响较大的对外汉语教材的词汇状况进行了对比研究，一套系列教材是北京大学对外汉语教学中心组织编写的《汉语初级教程》（4册）、《汉语中级教程》（2册）、《汉语高级教程》（2册），共80篇课文；另一套是北京语言大学编纂的对外汉语本科系列教材（语言技能类），"北语汉语教程"包括三册，每册分上下，共6本，有课文100篇。从下表可看出，两套教材的词语总量不相等，据调查两套教材的共有词语也少。

北大初级教程词语覆盖率			北语汉语教程词语覆盖率		
累计词语数量	出现频率	覆盖率	累计词语数量	出现频率	覆盖率
75	34	50%	95	57	50%
133	20	60%	185	31	60%
230	11	70%	366	14	70%
411	6	80%	749	7	80%
771	3	90%	1653	3	90%
1100	1	95%	2630	1	95%

"北大初级教程"80篇课文共使用了词语14759条，不重复的词1776条。按词语频率相同的为一级，共有92个词级。一个词级中出现相同频率最多的为1次，共有608词出现了1次；按单个词出现次数最多的是"的"，达684次，其次是"我"，达479次。统计结果显示频率高的词数量少、频率低的词数量多的特点，覆盖

总语料的 50% 只用了 75 条词，以后每增加 10% 的覆盖率，增加词语几乎一倍。另一套北京语言大学编纂的对外汉语本科系列教材共使用了词语 37556 条。按不重复来计算，则有词 4527 条。覆盖总语料的 50% 只用了 95 条词，以后每增加 10% 的覆盖率，增加词语几乎一倍。这里可以讨论一下，为什么两套教材覆盖总语料的 50% 的分别是 75 条、95 条词，这里反映了汉语作为第二语言的教学中的"生词重现率"问题。

所谓生词重现率，一般是指生词在教材中重复出现的次数，包括在生词表、课文、练习、解释等教材内容中出现的次数。近十几年来，有不少文章谈到生词重现率（或复现率）问题，江新（1998）认为提高生词重现率有助于学生记忆生词，陈贤纯（1999）提出编写汉语教材时要考虑这个问题，要尽可能使生词在教材中重复出现。柳燕梅（2002）通过实验研究考察了汉语教材中生词重现率对外国学生汉语词语认知效应的影响。她认为，生词重现率对学生的词汇学习具有一定的影响，提高生词重现率能够促进学生的词汇学习。提高生词重现率，可以从以下四个方面入手：一是在课程设置与教材选取上，采用多课型、多教材，使一些常用的基础词汇可以在多个课型、多种教材间得以重现。二是在教学安排上，增加与词汇相关的教学环节，如生词预习、生词复习、生词练习等，使词汇在不同的教学环节中多次重现。三是在重现方式上，生词应以完整的形、音、义结合体出现，某些重点词或难词可以采用短时重现和定时重现的循环方式，加强它们对学生视、听觉的刺激。四是在教学手段上，可利用多种教具来重现生词，如传统的生词卡片、多媒体演示等，并根据词的常用性、重要性或难度等，对重现的次数、重现时持续的时间进行控制。

本章参考文献

1. 北京大学中文系现代汉语教研室编：《现代汉语》，商务印书馆 1993 年版，第 236、238、241 页。

2. 陈保亚：《20 世纪中国语言学方法论》，山东教育出版社 1999 年版，第 87 页。

3. 陈宏、吴勇毅：《对外汉语教学理论与语言学科目考试指南》，华语教学出版社 2003 年版。

4. 陈贤纯：《对外汉语中级阶段教学改革构想——词语的集中强化教学》，载《世界汉语教学》1999 年第 4 期。

5. 崔希亮：《语言学概论》，商务印书馆 2009 年版，第 188 页。

6. 方梅：《自然口语中弱化连词的话语标记功能》，载《中国语文》2000 年第 5 期。

7. 高燕：《对外汉语词汇教学》，华东师范大学出版社 2008 年版。

8. 国家汉语水平考试委员会办公室考试中心：《汉语水平考试词汇与汉字等级大纲》（修订本），经济科学出版社 2001 年版。

9. 葛本仪：《汉语词汇研究》，外语教学与研究出版社 1985/2006 年版，第 1、25、27 页。

10. 黄伯荣、廖序东：《现代汉语》（增订二版），高等教育出版社 1997 年版。

11. 江新：《词汇习得研究及其在教学上的意义》，载《语言教学与研究》1998 年第 3 期。

12. 李大忠：《外国人学汉语语法偏误分析》，北京语言文化大学出版社 1996 年版。

13. 李红印：《〈汉语水平词汇与汉字等级大纲〉收"语"分析》，载《语言文字应用》2005 年第 4 期。

14. 李清华：《〈汉语水平词汇与汉字等级大纲〉的词汇量问题》，载《语言教学与研究》1999 年第 1 期。

15. 李如龙、吴茗：《略论对外汉语词汇教学的两个原则》，载

《语言教学与研究》2005年第2期。

16. 刘晓梅：《字本位理论和对外汉语词汇教学》，载《广东外语外贸大学学报》2004年第4期。

17. 柳燕梅：《生词重现率对欧美学生汉语词汇学习的影响》，载《语言教学与研究》2002年第5期。

18. 陆志韦：《北京话单音词词汇》，载《陆志韦语言学著作集》（三），中华书局1990年版，第15—16页。

19. 陆志韦：《汉语的构词法》，科学出版社1957年版。

20. 吕叔湘：《汉语语法分析问题》，商务印书馆1979年版。

21. 吕文华：《离合词教学》，载《对外汉语教学语法探索》，语文出版社1994年版。

22. 钱旭菁：《汉语阅读中的伴随性词汇学习》，载《北京大学学报》2003年第4期。

23. 钱旭菁：《汉语语块研究初探》，载《北京大学学报》（哲学社会科学版）2008年第5期。

24. 苏新春：《词汇计量及实现》，商务印书馆2010年版，第75页。

25. 陶红印：《从语音、语法和话语特征看"知道"格式在谈话中的演化》，载《中国语文》2003年第4期，第291—302页。

26. 苑春法、黄昌宁：《基于语素数据库的汉语语素及构词研究》，载《世界汉语教学》1998年第2期。

27. 王骏：《在对外汉语词汇教学中实施"字本位"方法的实验报告》，载《暨南大学华文学院学报》2005年第3期。

28. 王力：《中国现代语法》，中华书局1954年版。

29. 王力：《中国语法理论》，商务印书馆1944年版。

30. 王力：《中国语法纲要》，开明书店1946年版。

31. 王海峰、王铁利：《自然口语中"什么"的话语分析》，载《汉语学习》2003年第2期。

32. 王又民：《中外学生词汇和汉字学习对比分析》，载《世界汉语教学》2002年第4期。

33. 吴道勤、李忠初：《"离合词"的语法性质及其界定原则》，载《湘潭工学院学报》（社会科学版）2001年第3期。

34. 俞士汶：《现代汉语语法信息词典》，清华大学出版社2003年版。

35. 赵元任：《汉语词的概念及其结构和节奏》，载《中国现代语言学的开拓和发展——赵元任语言学论文选》，清华大学出版社1975/1992年版。

36. 周健：《分析字词关系，改进字词教学》，载《语言文字应用》2010年第1期。

37. 赵淑华、张宝林：《离合词的确定及对其性质的再认识》，载《语言教学与研究》1996年第1期。

38. 朱德熙：《语法讲义》，商务印书馆1982年版。

39. 朱亚军：《现代汉语词缀的性质及其分类研究》，载《汉语学习》2001年第2期。

40. Brinton, L. J. 1996. Pragmatic Marker in English: Grammaticalization and Discourse Functions. Berlin: Mouton de Gruyter.

41. Halliday, M. A. K. 2000. An introduction to functional grammar. [A] Edward Arnold limited.

42. Schiffrin, Deborah. 1987. Discourse markers. New York: Cambridge University Press.

第三章 词的构造

本章主要讲解造词和构词的理据,让学生了解现代汉语造词的方法、构词的规律,了解汉语语素的构词能力及规律,并分析了第二语言习得者的语素构词意识,帮助留学生较好地掌握汉语的构词规律。汉语两字词和三字词的构成都有一定规律可循,本章还在第五节探讨了对外汉语教学中的"字本位"理论。

第一节 造词法

"造词"和"构词"作为语言学的两个术语,表示着两个既有联系又有区别的含义完全不同的概念。尽管"造"和"构"具有同义关系,但是"造词"的意义重在"制造","构词"的意义重在结构;"造词"是指词的创制说的,"构词"是指词的结构规律说的。因此,我们应该把"造词法"和"构词法"区分开来。[1]

区别造词法和构词法,可以明确造词的理据和构词的规律。如"白菜"和"木马"虽然都为偏正结构,但是二者从造词法的角度来说,却有着不同之处,"白菜"中的"菜"作为造词原料来说,确实是"菜";而"木马"中的"马"却是另一种性质的造词原料,并非真马,是一种比喻造词,由"木马计"还可引申到"木马病毒"。再如"银币、银河、银耳"三个词都属偏正结构,但是它们的意义却和造词的理据相关,比如"银币"确实是一种

---

[1] 参照葛本仪(1985/2006)的《汉语词汇研究》第34页。

"钱币";"银河"是一种比喻构词,指"天上呈现的明亮的光带,像一条银白色的河",甚至可以引入"牛郎织女"形象化地解释天上的"银河";"银耳"是一种长得像耳朵的菌类植物。再如给学生解释"甭"的意义时,可以解释"甭"是"不用"的合字,是利用文字方面表现出来的某些特点造词。

造字时要符合经济原则,不能把所有的语义因素都考虑在内,和造字时的心理模式也有关。造字时也许过多考虑的是"义素核心"。格雷马斯(1999)认为:"在最好的情况下,构形成分所覆盖的不是义子,而仅仅是义子的'义素核心'。通过它与其他类似的构形成分的对立,构形成分保证了义子的'否定义',并间接地保证了义子的形象特征。"[①] 比如"木耳"这个词的内部形式的两个结构项,是"木头上"、"耳朵形"这样两个意思,体现了"字组"的形象色彩,与"银耳"、"牛耳"区别。

所谓造词,就是指创造词语,它是解决一个词从无到有的问题。人们造词的目的是为了满足社会交际的需要,如"豆浆机、饮水机"的出现是为了适应新事物的出现,"WTO"这一词语的产生也是为了表现这一新的现象应运而生的。研究用什么原料和方法造词,这是造词法的问题。

造词法研究比起构词法来要薄弱得多,但是造词问题在社会生活中更具有广泛性,一般人对造词问题的关心甚于对构词问题的关心。造词法就是创造新词的方式和方法,通过造词法的分析,不仅可以使学习者了解词的产生机制,便于他们的理解和记忆,同时也可以提高他们的学习兴趣。

综合各家对于汉语造词法的分类,将造词法归纳为以下 9 种方法:

---

① A·J·格雷马斯著,吴洪缈译:《结构语义学方法研究》,三联书店 1999 年版,第 159 页。

一、音义任意结合的造词方法就是用某种声音形式任意为某种事物命名的方法。词是一种语言符号，语言符号的音义结合最初大都是任意的。语言中最早产生的一些词，往往就是用音义任意结合法创制出来的。如"车、深、千、万、蚯蚓、铅"等。音义任意结合方式构成的词，需要学生记忆。同样，英语、日语等语言中的词也大都是采取音义任意结合的方式构词的。

二、摹声法。指的是用人类语言的语音形式，对某种声音加以模拟和改造，从而创制新词的方法。汉语的摹声造词可以表现为两种情况：一种是模仿事物发出的声音来造词，如"猫、鸦、知了、蝈蝈、呼噜、啊、嘀嗒、哈哈、叮叮当当"等词；另一种是模仿外族语言中某些词的声音来造词，人们又称之为"音译词"，如"夹克、纽约、马拉松"等词。

三、音变法。就是通过语音变化的方法产生新词，汉语中的儿化韵造词就是一种音变造词。如"盖（gài，动词）—盖儿（gàir，名词）"、"尖（jiān，形容词）—尖儿（jiānr，名词）"。学生不明白"好人"和"爱好"中的"好"读音不一样，可以把这种情况当作是多义词的义项通过音变而独立成词。

四、说明法。对事物加以说明的造词方法。说明法往往由于人们说明的角度不同而表现出一些不同的情况，可以从事物的情状、性质特征、用途、领属、颜色、数量等各方面进行说明。如"国营、绿茶、白云、武昌鱼、浴盆、豆芽、静悄悄"等。

五、比拟法。用现有的语言材料，通过比拟、比喻等手段创制新词的方法。如"龙头、雀斑、银耳、木马、虾米、蜂窝煤、鸭舌帽"等。

六、引申法。用现有的语言材料，通过意义引申的手段创制词语的办法。如"开关、领袖、出纳、左右"等。

七、双音法。双音造词法是随着汉语词汇向双音化发展而出现的一种造词方法，如"妈妈、星星、往往、斤斤、区区、道路、坟墓、石头、第一"等。

八、缩略法。是一种把词组的形式,通过缩略而改变成词的造词方法。如"扫除文盲"可简缩为"扫盲","邮政编码"简称为"邮编","青年、少年"简缩为"青少年","身体好、工作好、学习好"简缩为"三好"等。

缩略是比较复杂的词语的简化,大都是选取名称中有代表性的语素或词,把全称简为简称。缩略的方式,大体上有以下几种:

(1) 截断简缩,截取原专用短语的一部分进行简缩,如:

中国人民解放军——解放军

清华大学——清华

(2) 从全称中抽取某些成分,也叫"分段简缩",即选取原短语中最主要的语素重新组合,如"ABCD"简缩为"AC"式:

药物检查——药检　　家用电器——家电

邮政编码——邮编　　环境保护——环保

还有"ABCD"简缩为"AD"式,如:

空中小姐——空姐

还有"ABCD"简缩为"BD"式,如:

电影明星——影星

还有用其他一些简缩方式缩略的词语,如:

个体经营户——个体户

立体交叉桥——立交桥

发展改革委员会——发改委

(3) 合并全称中几个并列成分的相同语素,即保留相同的语素作为共有成分,如:

出境入境——出入境

青年少年——青少年

中学、小学——中小学

(4) 数目概括,如:

身体好、学习好、工作好——三好

海军、陆军、空军——三军

缩略是语言交际经济性原则的作用,让外国学生了解缩略词语可以帮助他们提高阅读速度。一个简称有时候可能有几个意思,比如"人大",可能是"中国人民大学",也可能是"全国人民代表大会",要结合上下文判断。

九、字母词。以英文字母构成的词在现代汉语词汇中越来越多,如"WTO、NBA、H1N1、MBA"等。

造词活动具有广泛的社会性,社会上的任何成员都可以创制新词,只要能为社会约定俗成,就可以作为语言成分保留下来。

第二节 构 词 法

所谓构词是指词的内部结构问题,它的研究对象是已经存在的词。构词法指的是词的内部结构规律的情况,也就是语素组合的方式。构词法有助于准确地把握语素、结构与整个词义的关系,从而准确地理解词义。

一、单纯词

由一个语素构成的词称为单纯词。如"笔、看、热、吉他、糊涂、意大利、奥林匹克"等都是单纯词,从以上例子中可以看出在现代汉语中,单音节词都是单纯词,但单纯词中有些是双音节的,甚至是多音节的。双音节的单纯词主要有联绵词、叠音词、音译词及拟声词。

(1)联绵词,指从古代汉语传承下来的单个音节没有意义的双音节词,根据两个音节之间的语音关系,又分为双声、叠韵、非双声叠韵联绵词三种。

双声联绵词是两个汉字的声母相同，例如"秋千、蜘蛛、流连、犹豫、仿佛、犹豫、参差"等；叠韵联绵词是两个汉字的韵母相同，例如"橄榄、徜徉、怂恿、肮脏、从容、烂漫"等；还有些既不是双声联绵词，也不是叠韵联绵词，我们称之为非双声叠韵联绵词，如"鹌鹑、嘀咕、牡丹、芙蓉、憔悴"等。对前两类联绵词，可向留学生解释它们在发音上的关联，至于非双声叠韵联绵词，可以向学生解释这一类联绵词，有的在字形上有一些偏旁的类似，如"鹌鹑、嘀咕、芙蓉、憔悴"等联绵词就是在偏旁上有些类似。

（2）叠音词，由一个音节重叠构成的词，这个音节单独无意义，只有重叠起来才有意义，或是单独存在时的意义跟叠音形式的意义没有关联，如：

姥姥　侼侼　蛐蛐　蝈蝈　冉冉　孜孜　历历　拳拳

（3）音译的外来词，是模拟外语词的语音形式，用汉语的音节或汉字写下来的外来词，如：

苜蓿　咖啡　克隆　基因　沙龙　沙拉　吉他　葡萄　奥斯卡　马拉松　高尔夫　三明治

学生对这一类词的接受度比较高，因为这些词和外语大都有直接联系，是汉语向别的语言"借"过来的词。

（4）拟声词，这些词大多是模拟声音的词，如：

轱辘　哎哟　叽咕　轰隆

联绵词中绝大多数是形声字，因此可以利用形旁表示意义类属、声旁表音或大致表音的特点进行讲解，帮助学习者掌握意义和读音。

二、合成词

由两个或两个以上的语素构成的词称为合成词。如"木头、支柱、奇怪、研究生、成绩单"等。

根据《现代汉语频率词典》，中文里 70% 以上的词汇都是由两个或两个以上语素构成的合成词。合成词主要分为复合式和派生式两种类型。

(一) 复合式

汉语中合成词的构词方式有复合式和派生式两种，复合词指的是词根语素和词根语素相结合。这类词的几个词根是根据句法的结构规则组合而成的，可表现为以下五种方式：

1. 联合式

联合式复合词的两个语素之间的关系是平等并列的。具体又有以下几种类型：

(1) 两个语素意义相同或相近，构成的是名词、动词或形容词等，如：

语言　道路　泥土　思想　教授　波浪
斗争　裁判　研究　帮助　选择　呕吐
鲜艳　丰富　美丽　优良　温柔　孤独

教学时，指出两个语素之间的同义关系，不仅有助于学习者的理解，而且有助于强化他们的语素意识，扩大同义语素的积累量，便于通过语素猜测从而理解其他陌生的词语，进而了解词汇习得的策略。

(2) 意义相关联合的，如：

骨肉　江湖　皮毛　眉目　矛盾　口舌
手足　风浪　山水　尺寸　领袖　笔墨

这种类型的词，有的词义不是字面意义的简单相加，而是一种通过比喻、借代等产生的比喻义或引申义，因此应该讲清楚意义比喻或引申的方式。

(3) 反义联合的词，如：

东西　始终　反正　开关　收发　往来　深浅　是非　高低　长短

这种类型的词,很多词义也不是字面意义的简单相加,而是在语素意义组合的基础上产生了新的意义,如"开关"表示的是接通和截断电路的电器装置,"长短"表示长度等。

(4) 意义相关或相反,但是只有其中一个意义起作用,也就是习惯上所说的"偏义复词"。如:

　　国家　窗户　兄弟　质量　人物　干净　忘记

在教学时,应指出词义所"偏"向的语素,如"国家"偏于"国","家"义淡化。

2. 偏正式

偏正式复合词的两个语素之间是修饰和被修饰的关系,在意义上前一个语素修饰限制后一个语素,前"偏"后"正"。如:

(1) 偏正式名词,构成的词为名词,两个语素形成句法上的定中关系。如:

　　汉语　乐事　短裤　宋词　收条　红色　电灯　香水　军人　爱情

(2) 偏正式动词或形容词,构成的词为动词,两个语素形成句法上的状中关系。如:

　　合唱　微笑　热爱　笔谈　公审　胡来
　　火红　飞快　闷热　笔直　雪白　冰冷

3. 动宾式

动宾式的两个语素之间是支配和被支配的关系,前一个语素表示动作行为,后一个语素表示动作行为关涉支配的对象,如:

　　有名　报名　知己　伤心　管家　开幕　司机　表态　播音　吹牛　加班

动宾式复合词有的是动词,有的是名词和形容词,但以动词居多。动宾式动词一般不会再带宾语,对于学生出现的偏误,如"因此我报名了贵公司的招聘"中,"报名"就不需要再带宾语了。

4. 主谓式

主谓式的两个语素之间是陈述和被陈述的关系,如:

地震　自杀　胆大　年轻　性急　眼花　头痛　心慌　民办
自动　耳鸣

5. 补充式

补充式的两语素之间是补充和被补充的关系，前一个语素表示某种动作行为，后一个语素补充说明动作的结果或趋向，如：

提高　降低　说明　抓紧　推广　改正　加强　推翻
房间　车辆

补充式复合词是汉语比较独特的一种构词方式，一般为动词。

（二）派生式

派生词是由词根加词缀构成的合成词。主要有以下两种：

1. 前缀＋词根

老师　老乡　老王　老大　老虎　老鼠

阿姨　阿爸　阿哥

第一　第二

初一　初二

2. 词根＋后缀

桌子　椅子　粽子　毯子　疯子　胖子　泥腿子

个儿　罐儿　尖儿　棍儿　魂儿　活儿　角儿　脑瓜儿

锄头　风头　斧头　跟头　骨头　看头　念头

笔者　编者　患者　记者　长者　独裁者　领导者

作家　思想家　专家　歌唱家　外交家

丑化　毒化　进化　简化　多极化　公开化　国际化

对于派生式构词，在讲解了词缀的基本意义之后，可以鼓励学生采用联想记忆，如"-家"是指"掌握某种专门学识或从事某种专门活动的人"，重点解释是表示"某种很成功的人"的，然后鼓励学生组词。再如"-者"是表示"做某件事的人"，那么就可以引导学生思考用"-者"的构词情况。

讲解合成词的构词情况，是为了利用合成词的构词法，帮助学生体会词的构成，如为中级水平的学生设计下面"填字组词"的练习，帮助学生建立词与词之间的联系：

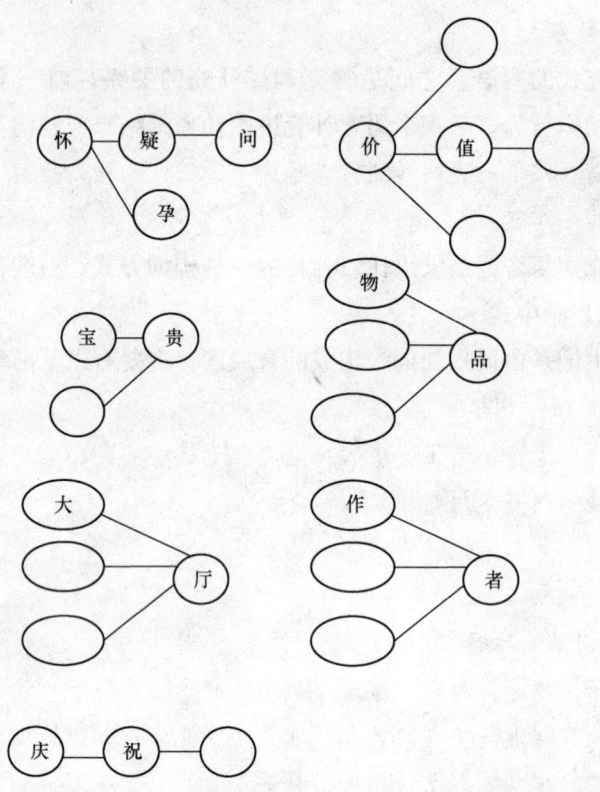

怀—疑—问
　　疑—孕

价—值—○
价—○
　　○—物
宝—贵—○
　　○—品

大—○
○—厅
○
作—○
○—者
○

庆—祝—○

如上图所示，汉语构词法的一大特点是这种"分子网络"式的结合衍生方法，每一个语素都有自己的意义，它与别的语素结成新的词，每一个活跃的构词能力强的语素就像是一个分子，在它周围往往能集合起一个与其原来意义关联的词群。

三、同素词

由一个共同语素结合其他不同语素构成的一组词称为同素词，再由无数个同素词组成一个同素词族（或称同素词群）。同素词族又可分为同类同素词、同音同素词、关系同素词、引借同素词、同素异序词等。①

仔细阅读《现代汉语词典》和《倒序现代汉语词典》，就可以发现这两部词典的排列，是符合"同素词"的原理的，前者是"同素字"居前，后者是"同素字"居后。

(1) 同类同素词

同类同素词指由共同的语素构成的表示同类事物的同素词。如以"花"为语素组成的同类同素词：桃花、杏花、梨花、樱花、梅花、兰花、荷花、莲花、菊花、牡丹花、迎春花、山茶花、鸡冠花、月季花、茉莉花、杜鹃花、玫瑰花、紫罗兰花、鲜花、野花、红花、白花、蓝花、黄花等。这类词也称为共同语素在后的同素词。

(2) 关系同素词

以共同语素构成的不同词类，但存在一定关系的同素词称为关系同素词类。如以"花"作为偏正语素构成的关系同素词有：花朵、花束、花蕊、花茎、花心、花丛、花卉、花蕾、花苞、花瓣、花托、花粉、花萼、花环、花圈、花团、花草、花木、花絮、花园、花坪、花圃、花墙、花市、花盆、花池、花房、花架、花厅等。

刘叔新（1993）认为"复合词所用的字，从词的内部形式着眼，有其类别、条理。一组词某一结构采用相同的字组成，这表明对象同属一类或有某种共性，表明在内部形式上有相应的共同的结构项。"② 如以生活在海中的特点为名，有"海豹、海狮、海象、海狗、海豚、海牛、海马"等，这里共用一个"海"字，这实际上是这一组"二字组"中的核心字，属于"核心字"居前的

---

① 该分类前四种借鉴常敬宇（2003）。
② 刘叔新：《语义学和词汇学问题新探》，天津人民出版社1993年版，第24页。

那种。像这样成系列的"二字组",凭共同的字而聚合,彼此在内部形式上同中有异而互相比照,不难看出造词的"理据性"。

(3) 引借同素词

由语素生发出的引申义、借代义或比喻义构成的同素词称为引借同素词。如仍以"花"为语素构成的引借同素词有:花衣、花裙、花布、花被、花鞋、花袜、花领带、花毛衣、花衬衫、花线、花轿、花烛、花砖、花纹、花猫、花狗、礼花、花灯、花炮、花鸟、花蝴蝶、花风筝、花蛇、花脸、花卷等。

(4) 同音同素词

由共同语素构成的音同而义不同的同素词称为同音同素词。如由语素"花"构成的同音同素词有:

a 花费、花销、花钱、花项;花力气、花时间、花工夫、花精力;

b 花眼、花镜、花账;花样、花招、花甲

我们从以上4类同素词族的结构特点可以看出汉语词汇生成的主要特点:即由某一语素可以构成一个同素词族的词形结构网络系统。从中我们还可以看出构成这些同素词族所共有的语素,总是作为汉语造词的基础单位出现的,这样的语素构词能力很强,它很容易与其他语素相结合,衍生出大量的新词,甚至派生出一个庞大的同素词族。这些同素词族的共有语素,往往又是一个单音词(如"花"),该词又往往是人们社会生活中最常见、最常用的词,也是全民族使用范围最广、表义最明了的词,因此这些词也是在人们的日常生活和语言交际中使用频率最高的词。

(5) 同素异序词

现代汉语词汇系统中存在着一些语素相同、语素组合次序颠倒的词语,我们称这一类词语为同素异序词语。如:

语言、言语　气力、力气　山河、河山　中华、华中
答应、应答　互相、相互　明证、证明　饭盒、盒饭

同素异序词语可能整个意义都相同，两个词形在使用中可以替换，也可能只在某一个义项上相同，即在这一个义项上可以替换。还有可能只在某个用法方面可以替换。从可以替换这一点上看，它们是同义的。同素异序词在意义上的对应主要有下面三种情况：

（1）词义全部对应，例如：［延伸］延长；伸展：这条铁路一直～到国境线。［伸延］延伸：公路一直～到山脚下。二者在任何情况下都可以替换。

（2）词义基本对应，只在某种用法上不对应，例如：［羊羔］小羊。［羔羊］小羊，多比喻天真、纯洁或弱小者：替罪的～。在"小羊"意义上二者可以任意替换，在"比喻天真、纯洁或弱小者"的意义上，二者不能替换。

（3）词义的某些义项对应，例如：［计算］①根据已知数通过数学方法求得未知数：～人数｜～产值。②考虑；筹划：做事没个～，干到哪儿算哪儿。③暗中谋划损害别人：当心被小人～。［算计］①计算数目：数量之多，难以～。②考虑；打算：这件事慢一步办，还得～～。③估计：我～他今天回不来，果然没回来。④暗中谋划损害别人：被人～。二者在［算计］的②④上可以替换，①和③上不能替换。

同素异序词语在使用中的差异表现为同中有异，这些差异除了意义交叉以外，还有方言、语体色彩、词义发展变化和语用方面的因素。

同素异序词是有生命力的，如"饭盒"是固有的，《现代汉语词典》1981年版收录这个词，没有"盒饭"。1996年修订本和2005年版把"盒饭"当作新词收入，它的词义是"装在盒子里出售的份儿饭"。

同素异序词属同义词的一部分，学习它对扩大留学生的知识面，发展扩散思维是有益的。从应用来说，同素异序词的教学和研究，如何排除母语和目的语的干扰，避免负迁移，以便规范地学好汉语，这是有普遍意义的；而对日本学生则有其特殊意义。从提高来说，对外汉语要加强比较语言学的研究。

有汉、日同义的同素异序词，如"会议、议会"；"国王、王国"；"蜜蜂、蜂蜜"等；有汉日有别的同素异序词，如"事故、故事"，其中"故事"日语是"典故"义，汉语是"一种文体，如民间故事，相当于日语的'物语'。""习惯、惯习"汉日也有别，"惯习"日语指"传统习惯"，汉语没有这个词。我们就"同素异序词"谈"汉日比较"，目的在于引导学生注意各种语言的差别，关心有些现象的同一性和相似性。

第三节 类词缀构词

随着越来越多的新词语的出现，如"先导型、瑜伽热、舒适度、上班族、里程碑式"等等，引导我们思索现代汉语构词研究的规律。像"型、度、热、族、式"这一类的语素构词很有规律，构成的词数量也多，构成的词语我们不可能都收入词典，比如 1998 年和 2000 年《人民日报》语料中有 340 个"xx 型"的词语出现，如"技能型、搬运型、板块型、闭合型、便捷型、标准型、参与型、成年型、城郊型"等等，为了解释现代汉语构词法中的这一类现象，我们有必要引入语言学中的"类词缀"的观念。

关于"类词缀"的定义、性质、范围和分类的探讨，语言学界主要有赵元任（1968）、吕叔湘（1979）、汤廷池（1992）、陈光磊（1994）、马庆株（1995）、朱亚军（2001）、富丽（2001）、王洪君、富丽（2005）、冯敏萱、杨翠兰、陈小荷（2006）等。但是，在汉语的构词法著作和论文中，对于词缀或类词缀，一般只是列举性地说明，少有穷尽性地举，本书基于《现代汉语语法信息词典》8万词的词库，对每一个词的构成进行分析，穷尽性地考察出基于我们标准的类词缀。

中文信息处理学界对于"词缀"和"类词缀"也有具体的研究，研究主要是从应用的角度去制订分词规则和词表，如刘源、谭强、沈旭坤（1994）、中央研究院的中文词知识库小组（1996）、吴赣（1998）、孙茂松、王洪君、李行健等（2001）都谈到了对"词缀"、"接头词"、"接尾词"的处理，但是各家所列的类词缀的范围都不一致，需要进一步探讨类词缀的确立标准，以期更加深入地了解类词缀的构词规律。

一、类词缀的定量考察

关于类词缀的范围，各家确立的内容都不一样。如吕叔湘（1979）针对"汉语里地道的语缀不很多"的现象，提出了"类语缀"一说，并列举出了"可-、好-、难-、准-、类-、亚-、次-、超-"等18个类前缀和"-员、-家、-人、-民、-界、-物、-品、-度"等23个类后缀。汤廷池（1992）则列出了"阿、老、小、打、见、可、难、好、而、以、第、初、不、非、反"等15个词首；还列出了"人、师、员、士、生、手、派、性、度"等48个词尾。朱亚军（2001）所列的词缀，包括前缀22个，指"阿、半、本、不、超、初、打、单、第、多、反、泛、非、分、副、该、可、见、老、所、总、准"等等；后缀39个，指"巴、处、达、得、度、儿、法、分子、鬼、汉、化、家、件、家、匠、角、界、具、率、论、迷、派、品、气、然、热、师、士、式、手、坛、腾、头、性、学、员、者、子、族、主义"等等。

刘源、谭强等的《信息处理用现代汉语分词规范》有"完全虚化的前后加成分"、"部分虚化的前后加成分"以及"接头词和接尾词、不虚化或基本不虚化"之别，采取了一种分层处理的方式，共列了 15 个前加成分和 22 个"接头词"、32 个后加成分和 98 个"接尾词"。台湾中央研究院则列举出了 9 个前缀和 41 个"接头词"、20 个后缀和 441 个接尾词。《现代汉语语法信息词典》收录了前接成分 11 个，后接成分 42 个，前缀包括"阿、超、非、过、老、微、伪、小、以、之、准"等 11 个，后缀包括"赛、办、式、边、长（zhang3）、场、单、度、堆、儿、方、感、观、乎、化、机、计、家A、家B、界、老、狂、率、论、们、面、品、器、然、生、手、体、头、型、性、学、炎、业、仪、员、者、制、子"等 42 个。

  本书对于类词缀的研究是建立在定量研究的基础上的，定量研究选取的词库是《现代汉语语法信息词典》数据库。北京大学《现代汉语语法信息词典》1998 年第 1 版收录了现代汉语词语 5 万多条，2003 年第 2 版增加至 7.3 万余条，到目前增加至 8 万条，该词典采用关系数据库的文件格式，本书就是基于《现代汉语语法信息词典》这个丰富的词库，并结合 1998 年全年《人民日报》语料库，对类词缀首先进行定量研究，所以本书对类词缀的研究不是凭经验、凭语感的选取，而是基于对语料库的统计和分析而得出的。

  基于对《现代汉语语法信息词典》8 万词语的统计和分析，来具体地衡量类词缀的构词能力，在词库中全面系统地调查哪些语素可能成为类词缀，穷尽性地探讨类词缀的范围。这种方法可以说是一种计量分析，不是简单的例证式的说明。苏新春（2001：15）指出："定量研究在词汇研究中具有直观、可靠的作用，它能直接、真实地反映词汇的内在规律……词汇的量化研究主要体现为词的频率研究，如结构频率、分布频率、使用频率等。"苏先生（2001：30）继续指出："定量研究的实质是通过对语料的典型取样、定量调查、深入分析，由此类推以达到认识同类语言现象本质的目的。"我们赞同苏先生对于定量研究的分析。

按照王洪君、富丽（2005）的分析，在体词性的范围内，词缀的核心搭配范围在单音字，延展到了一部分双音词；类词缀与单音字的搭配已不太自由，其核心搭配已转移到了双音词，并延展到了多音节词和类词。于是我们选取了词库中的三字词来穷尽性地调查类词缀。本书首先对《现代汉语语法信息词典》80685个词的每一个词语进行了切分分析，切分过程中有一条原则就是对二字词不切分，发现有很多三字词可以切分，我们于是在80685词中抽取出13778个三字词，并抽取出《人民日报》1998年上半年语料库中的17848个三字词作为参照。

我们考察三字词中的类后缀的工作流程如下，对8万词库中的13778个三字词的位于词末的语素进行再抽取，共有1539个字，把这1539个单字在数据库中按照构词频率排列，词频高的前50位分别是：子、性、机、器、学、人、员、化、会、品、者、儿、率、法、费、家、病、部、表、剂、线、权、车、力、量、站、队、式、室、花、片、物、纸、生、业、体、石、头、词、面、期、书、场、油、图、素、炎、点、虫、院，这前50个字的构词频率都在53次以上。这1539个字词频低的后50位分别是：妻、浅、签、千、传、汽、喘、棋、脐、喷、凄、抢、谱、浦、泼、坪、频、篇、屁、春、皖、戚、卿、染、犬、醛、丑、趣、渠、骏、屈、出、欠、囚、川、沁、勤、储、怯、俏、瞧、黜、蟆、跑、除、曼、朦、氓、闷、搭。词频低的后50位根本没有可能成为类词缀，词频高的前50位有潜能成为类词缀，最后的定性还要结合别的因素加以考虑，后文将加以考虑。

我们按照上一段同样的方法抽取类前缀，得到词频由高到低的前10个汉字是：大、电、小、老、水、打、中、地、白、保。这些语素是否以"类前缀"的方式构词，都有待于后面有关类词缀的定性的验证。应该说定量研究是定性研究的先行者。

二、类词缀构词的特征

关于类词缀构词特征的探讨，前贤已经讨论得很多，如对类词缀虚化、定位性、构词的能产性、结构的黏附性、语音的弱化性等多有探讨，我们这里要强调的是我们讨论类词缀的特征是采取一种实证式的考察，比如我们考察类词缀的能产性，不是举几个构词能力强的类词缀的例子，而是在数据库中全面系统地考察单音节语素，列出每个类词缀在词库中的构词词频；考察类词缀的定位性，我们就对每个类词缀在词中的位置加以统计说明；考察类词缀的虚化义，就对每个类词缀是在哪个义项上虚化加以说明。因此，我们的研究是一种实证式研究，有统计的方法，也有定性的逐一考察。考察的类词缀的构词特征拟从能产性、定位性、意义的虚化与否及成词与否等四个方面加以说明。

（一）能产性

正是着眼于类词缀的构词能力强，在现代汉语构词和中文信息处理的分词中起着重要作用，是现代汉语词汇中的构词部件，所以我们要把类词缀从语素库中提取出来。

《现代汉语语法信息词典》收词规模属于中型，目前收录了8万多的词，收词是很精炼的，对于有一些能用规则控制的词，8万词是不会穷尽性的收录的。但即便如此，我们发现有些语素在词库中构词频度非常高，我们采取统计的方法排查出了一些能产性非常强的语素。

前面提到过我们对《现代汉语语法信息词典》三字词中的位于词末的语素进行过抽取，按构词频率由高到低排列的前11位语素分别是：子、性、机、器、学、人、员、化、会、品、者。

这前11个语素中，"子"为真词缀，"性、学、员、化、品、者"这几个语素我们列为类词缀，是基于它们的定位性、虚化义和能产性来考虑的。我们把"机、器"列为类词缀的原因是基于"机、器"的构词频度高，这两个不成词语素在8万词库中的

13778个三字词中的构词词频高达238次和215次，形成了各种各样的"xx机"和"xx器"结构，如"电报机、锁边机、观测器、搅拌器、缓冲器、激光器"等等。我们还检验了"xx机"在1998年和2000年《人民日报》语料中的出现情况，共有444次"xx机"①，如：

饮水～｜拌和～｜包装～｜报到～｜报话～｜壁挂～｜编织～｜变位～｜变稳～｜标签～｜表演～｜并条～｜并行～｜播放～｜播种～｜补报～｜步话～｜部手～｜彩电～｜操舟～｜操作～｜插件～｜查询～｜柴油～｜铲运～｜唱盘～｜抄纸～｜超滤～｜称量～｜成塑～｜成像～｜成型～｜程控～｜充气～｜抽水～｜抽油～｜出票～｜出生～｜锄草～｜处理～｜触摸～｜穿梭～｜传呼～｜传真～｜窗式～｜吹风～｜磁带～｜磁电～｜粗纱～｜打包～｜打谷～｜打火～｜打浆～｜打麦～｜打药～｜打印～｜打桩～｜打字～｜大型～｜单板～｜单放～｜单片～｜滴丸～｜点钞～｜电报～｜电铲～｜电唱～｜电传～｜电动～｜电话～｜电排～｜电视～｜电影～｜定型～｜动力～｜豆浆～｜豆奶～｜读卡～｜赌博～｜堆积～｜对讲～

值得注意的是上述以"机"为词尾组配出来的词，有些词频并不高，如"打药机、电排机"等，这些词也没有必要收入词典，处理成以"机"为类词缀构词比较妥当。尽管"机、器"的意义在构词中并没有虚化，表示"机器"或"器具"义，都是表示"人造物"，但是鉴于"机"和"器"的高能产性，我们把"机"和"器"看成类词缀，也可以说是把能产性这一衡量标准"加权"的结果。比如列入后面类后缀表的"～赛、～园、～症"等，意义也不一定特别虚化，但是由于它们的能产性和构词的规则性，我们把它们列为类词缀，也是基于语言的应用来考虑的。

---

① 其中也包括少量的以"机"为词尾的四字词或五字词。

虽然很多学者没有把"赛"作为类词缀来考虑,《语法信息词典》把"～赛"标为类词缀,这样在语料中识别"滑雪赛、亚洲杯赛、挑战赛、友谊赛"中等词还很有帮助,此时的"赛"作"比赛活动"解释,① 在 1998 年《人民日报》语料库中,"xx 赛"达 158 个之多。

类词缀构成的词的意义一般可以通过成分义和类词缀义相加而得到,所以类词缀构成的词的意义具有透明性,因而词典不会全部收录这种构词方式构成的词。这种意义的透明性、构词的规则性决定了构词的能产性。比如这些类词缀,"～迷、～狂②、～记、～群、～件、～族"等,虽然在《语法信息词典》8 万词中所抽取出的三字词库中频率很低,都不超过 10 次,但这些类词缀在 1998 年全年的语料库中出现的频率比较高,分别为 17、9、29、34、29 次,在词典中出现次数不是很高,但在语料中出现次数比较多,具有造新词的能力。

(二) 定位性

所谓定位性是指词缀、类词缀在某个义项上出现在组合的固定位置上,前缀和类前缀只出现在组合的最前,后缀和类后缀大多出现在组合的最后。如"半～、大～、总～、代～、单～、反～、非～、副～"等是类前缀,"～度、～方、～感、～观"等是类后缀。

关于类词缀定位性的探讨,前贤讨论得很多,马庆株(1995)谈到:"词缀分布特征是定位性,不定位的不是词缀。"不管是真词缀还是类词缀,都具有定位性,所以,我们确立类词

---

① xx 赛中的"赛"应作"比赛活动"解释,《现代汉语词典》忽略了这一名语素的用法,《规范词典》注意解释了这一用法。
② "狂"在类词缀在构词中改变了自己的词性,《现代汉语规范词典》和《现代汉语词典》只列了它的副词和形容词词性,实际上,我们认为"狂"和"迷"一样,也有"沉醉于某一事物的人"的含义,如"工作狂、色情狂"等,转变了词性,这种派生属于 Beard (1995) 所说的"换类派生"。

缀，首先要对这些语素进行定位，是位于词首，还是位于词末，位于词首的才有可能成为类前缀，位于词末的才有可能成为类后缀。但我们认为类词缀的定位性，不能简单理解为定位于词中的位置，我们认为类词缀的定位性体现在三方面，一是定词性，二是定义项，三是定词中的位置。类词缀的定位是在某一个词性、某一个或几个义项上定位，而不是说充当类词缀的这个语素在任何情况下都是定位的。

充当类词缀的语素一般不只一个词性，兼属好几个词性，比如"～观"有"动语素（Vg）、名语素（Ng）"两种词性，只有在做名语素，表示"对事物的认识或看法"时，"观"才是类词缀。再如"鬼"兼属"n、a、Ng"几种词性，而它做类词缀时，如"烟鬼、讨厌鬼、小气鬼、吝啬鬼、冒失鬼"中的"鬼"，就只位于词尾，表示"对具有某种特点的人的蔑称"，在这一固定义项上该语素的位置是固定的，否则并不是固定构词。如在指"迷信的人所说的人死后的灵魂"这一义项时，"鬼"就不是定位构词，如"鬼魂、鬼神、魔鬼、孤鬼"等词，"鬼"的位置可以位于词首，也可以位于词末，这个义项上的"鬼"就不是类词缀构词。我们所列的类词缀表中，每个语素都有自己的义项，为什么要给每个语素一个义项的解释，因为有的语素不只一个义项，究竟是在哪一个或哪一些义项上这个语素能成为类词缀，这就要考虑语素的义项的选取问题。

我们讨论类词缀的定位性，定位于词首还是词末，主要是用词库中的数据来加以说明，从分析数据中我们看出，如"度（du4）"①，这个语素兼属名语素（Ng）、动词（v）、量词（q）等几种词类，《现代汉语词典》列出其有15个义项，但"度"

---

① "du4"表示"度"的读音，因为"度"还有duo2这个读音，为了区别，所以标示出来。

做类词缀时，只是在做名语素时，表"程度"这个义项时，才能充当类词缀，如"舒适度、回旋度、信誉度"等。比较显著的是"度"在8万词的数据库中，"度"位于词末时构成的词有167例，其中指"程度"的这一义项的"x度"结构有93例；而构词时位于词首形成"度x"的情况只有10例，如"度过、度假、度量"等。

我们调查了一下"非"在《语法信息词典》和《人民日报》1998年上半年语料库中的情况，包含有"非"的词语一共是229个，"非"位于词首时构成的词有157个，位于词末时构成的词有48个，位于词中的"非"有24个。位于词首的"非"才有可能成为类词缀，如"非"位于词首时，以类词缀方式构成的词有很多[①]，如：

非蛋白、非伙伴、非样本、非结盟、非船舶、非生产人员、非正常、非市场、非工程、非主导方面、非试点、非法定标志牌、非机动、非官方、非西方、非政府、非骨干、非常规、非正规就业、非饱和脂肪酸、非工会、非互惠、非科技、非经济、非关键、非现金、非结晶硅、非对抗方式

董秀芳（2004：105）提到左向替换率和右向替换率，所谓左向替换率，即保持右边的成分不变，替换左边的成分所能造出的同类词的数量。所谓右向替换率，即保持左边的成分不变，替换右边的成分所能造出的同类词的数量。上述"非"做类词缀时构词157例，可看成右向替换率为157。"非～"的构词能力很强，产生了很多新词，有很多新词都是用"非x"结构创造的，如英语中的"non-system disk"译为汉语的"非系统盘"，"non-profit corporation"译为"非营利公司"，"non-member"译为

[①] "非"位于词首时，也有不是以类词缀方式构成的词，如"非同一般、非此即彼、非国大、非得、非常、非法、非洲队"等。

"非会员，非成员"等等，这些金山词霸中的译词，反映了语言中大量产生的新概念，很容易用类词缀的形式来表达。

"非"位于词末时构成的词一般不是类词缀构词，"非"位于词末时，有时是指"非洲"这一义项，如"北非、中东非"等；或者构成成语或习用语，如"似是而非、是是非非、惹是生非"等；或者构成二字词，如"决非、莫非"等；或者构成简称，如"国转非、农转非"等。

"非"做类词缀时的义项，《现代汉语词典》和《现代汉语规范词典》的解释大致相同，指"用在一些名词性成分的前面，表示不属于某种范围"时，产生类词缀用法。如果是指"非洲"这个意义时，"非"是不可能产生类词缀用法的。

需指出的是"率（lv4）、器"类词缀构词时位置很固定，一般位于词末，如"率（lv4）"在词库中就没有出现"前字构词"的情况，它做类词缀时，在读音上定位，在词性上定位，在义项上定位，表示"两个相关数量间的比例关系"。

"器"在 8 万词中的三字词库中位于词末的占 215 例，"器"位于词首的三字词为 0；在 1998 年《人民日报》和 8 万的三字词库共 52209 个词中，"器"位于词末的多达 343 例，"器"位于词首的三字词为 11 例。可见，"器"词末构词和词首构词的比例相差很大。

再如"单"，位于词首的"单"和位于词尾的"单"我们都列为类词缀，一个是类前缀，一个是类后缀。类前缀的"单"构成的词如"单比例、单航次、单功能、单精度"等词，在 8 万词中的三字词库中多达 12 例，在 1998 年《人民日报》和 8 万的三字词合库中占 18 例，表示的义项是"独自一个；不跟别的合在一起的"；类后缀的"单"构成的词比较多，在 8 万词中的三字词库中多达 44 例，在 1998 年《人民日报》和 8 万的三字词合库中占 96 例，如"化验单、工资单、汇款单、承包单、检查单"

等等，表示的义项是"分项记载事物的纸片"。《现代汉语语法信息词典》把"~单"列为类后缀，在语料分析中有不错的效果，我们也把"单"列为类后缀。

（三）意义半虚化

语素意义的虚化与否，作为衡量类词缀的一个标准，前贤很多人都探讨过，比如朱德熙（1982）、马庆株（1995）、朱亚军（2001）、王洪君、富丽（2005）、董秀芳（2005）等，虽然语义虚化很难作为判定词缀的必要条件，但是考虑类词缀又不得回避类词缀的语义问题，为此我们提出类词缀的语义半虚化的特点。

朱德熙（1982：29）认为"真正的词缀只能黏附在词根成分上头，它跟词根成分只有位置上的关系，没有意义上的关系。"朱先生只列举出了"初、第、老"3个前缀，"子、儿、头、们、着、了、过、的、得"等8个后缀，还认为"性、式、自"都不是词缀。

我们也认为汉语中真正的词缀并不多，真正的词缀意义必须是虚化的，并没有实际的意义。[①] 如"老"是真前缀，在"老好人、老鹰、老王"中"老"并不承担什么实在意义，"好人"在《现代汉语词典》的解释中义项（3）就是"老好人"的意义，"老好人"也并不意味着年纪大，年轻的人也可以称之为"老好人"，但是在"老朋友、老交情"中的"老"，有实际意义，不是词缀。那么，"老"在什么义项上是词缀身份呢？我们归纳了一下，"老"在做前缀时，是没有意义的，表现在（1）加在某些动植物名称前面；（2）加在姓氏前面。"老"在做类词缀时，表现

[①] 我们赞同朱先生所列的真正的词缀，如"子"的意义极其虚化，只能解释为"名词后缀"，从共时角度看，有时是羡余成分，如"刀子、马鞍子、脚脖子"中的"子"就可以去掉。"儿"的解释也就是"后缀，充当名词和少数动词的后缀"，但是像"着、了、过、的、得"等我们认为还是助词。

在（1）表示排行，如加在"大、二、三……十"前面；（2）表示排行在末了的，如"老儿子"；（3）表示尊称，如"老佛爷、老好人"。

"性"就不是真词缀，是类词缀。"性"的意义部分虚化，表示"抽象物或属性"，如"思想性、对比性、艺术性"中的"性"若去掉，词义就改变了。再如"手"本义是指"人体上肢前端能拿东西的部分"，但若是"攻击手、拳击手"中的"手"就是指"擅长某种技能的人或做某种事情的人"，意义部分虚化。又如"风"在"晚会风、迷信风、打折风"中的"风"是指"风潮；风俗；风气"的意义，意义比"跟地面大致平行的空气流动的现象"这个含义要虚灵。

而"石"也有一定的构词能力，如构成"火山石、磨刀石、打火石"等，其中的"石"是指"岩石，矿物的集合体，是构成地壳的主要成分"，意义很实在，没有虚化，就是"试金石、绊脚石"中的"石"有"转义"的情形发生，但是这里的"石"还是指"岩石"，所以尽管"石"是不成词语素，但由于意义没有虚化，不能算作是类词缀。

类词缀的意义是半虚化的，类词缀不是可有可无的，半虚化的意义体现在类词缀不像真词缀那样去掉之后不影响整个词义的表达，类词缀在词语的构成中充当的意义通常不是该语素的本义，而是该语素的比喻义或引申义。如"星"的本义是"天文学上泛指宇宙间能发光或反射光的天体"，由此造成的词有"织女星、启明星"等，比喻有"某种突出的、有特殊作用或才能的人"，如"致富星、文教星、法纪星、勤俭星"等。

类词缀常表示某个"范畴"义，表示人物的某个类型或者动作行为的某个类型，如类词缀构成的词常形成一个词群，如以"师"构成的词有"厨师、面包师、魔法师、美发师、会计师、音乐师"等等，其中的"师"就是表示"掌握专门学术或技艺的人",表示某一类型的人,表示共同的语义类属,但是具体是哪一类型的人,得由前面的词语来决定。

据 Beard(1995)[①],派生构词可分为四个类型:特征值转换派生(feature value switches)、表达性派生(expressive derivation)、功能性派生(functional derivation)和换类派生(transposition)。表达性派生有指小、增量、轻蔑、喜爱、表敬等五个功能类别。董秀芳(2005)认为,汉语派生结构的类型以表达性派生为主,如用在单音姓氏前的"老"、"小"、"阿",表示亲近喜爱之情。

我们认为可以补充一下董秀芳(2005)的观点,首先我们承认汉语派生结构具有表达性派生,除了"老、小、阿"外,还有"大",也可以用在单音节姓氏之前,表达一种喜爱之情,如"大李",还有一个很有意思的类后缀"鬼",既可以表示蔑称,意义为"称有不良嗜好或行为的人",如"小气鬼、吝啬";又可以表示爱称,如"小鬼、机灵鬼、调皮鬼",意义为"对人的昵称(多用于未成年人)"。表达性派生我们认为除了有 Beard 所说的"指小、增量、轻蔑、喜爱、表敬"这 5 个类别外,还有一些表示评价的"类词缀",如"多~、反~、泛~、可~、零~"等,还有对真假值的判断,如"不~、非~、伪~、无~"等。其次,我们认为汉语派生结构除了表达性派生外,还可以考虑有功能性派生,Beard(1995)所谓的功能性派生,指改变词的语义方面,所表达的意义相当于一些格(case),如表示施事、受事、地点、来源等。

我们通过对类词缀几乎穷尽性的调查,发现类词缀的意义大致可以归纳为对下面这几方面的概括,对人、事物、性质、时间或处所这几个"格"的概括,即类词缀常概括性地表示某类人、

---

① 转引自董秀芳(2005)。

事物、性质、时间或处所等。表示某一类型的人的类词缀比较多，如"犯、鬼、佬、家、户、狂、迷、群、商、生、手、星、员、者、族、分子"等，这些表示人的不成词语素，总是描写的社会生活中的某一类人，人群的划分和描写在语言中常被应用，人常作为对象或主体在语言中被描绘，这类语素能产性比较强，所以我们建议把表示某一类型的人的不成词语素列为类词缀，这样把类词缀中表示人的类型又聚成了一小类。表示"物"的意义的类词缀是比较笼统的，如"品、体、物、件"都有表示"物品、事物"义，例如"品"的含义是"物品"，词频很高，有107次，如"收藏品、滋补品、洗涤品"等；"体"的意义是"物体"，如"棱柱体、立方体、结晶体"等；"物"的意义是"东西；事物"，如"图腾物、吉祥物"等；"件"的含义是"指总体中可以分开——计算的事物"，如"焊接件、加工件"等。表示事物的性质的类词缀，有"化、度、气"等；表示观点、态度的类词缀，有"论、观、感"等；表示"部位或方面"的类词缀，有"方、面"等；表示方法的类词缀，有"术"等；表示样式、形状的类词缀有"式、型、形、状"等；表示"时间"的类词缀，有"期"；表示"处所"的类词缀，如"园、带"[①]。

通过实证性的考察得出的上述关于类词缀的结论，还是比较符合 Beard（1995）所说的功能性派生的，这些我们总结出来的表示某类人、事物、处所的类词缀大致相当于 Beard 的施事格、受事格、地点格等。另外，我们还增加了一些格，如时间格、方式格等。

比如"式"，很多学者如汤廷池（1992）、吴赣（1998）、王

[①] 有意思的是"x带"，位于词尾时，"带"有两个义项，有虚化和不虚化之别，一个是"带子或像带子的长条物"，如"彩带、传动带"等；一个是"地带、区域"，如"开发带、交错带、贫困带"等等，后一个"带"表示处所，意义较前一个"带"的意义要虚化，是类词缀。

洪君、富丽（2005）都认为是词尾或类词缀，但也要看"式"的义项的虚实，如"式"在《现代汉语规范词典》中有5个义项的解释，对照这些义项，我们列举了词库中的词以及语料中的词做了一些说明，如表3-1：

表3-1 "式"的义项对比

类后缀	拼音	词尾频率	义 项	举例
式	shi4	41	❶样式	中国式、里程碑式、哈姆雷特式、卢梭式、人民主权论式、教条式、交互式、酒囊饭袋式
式	shi4	3	❷规格；标准	法式、格式、程式
式	shi4	9	❸举行典礼的程序、形式、典礼	入场式、驻场式、颁奖式、开幕式、首映式
式	shi4	21	❹自然科学中表明某种规律的一组符号	不等式、方程式
式	shi4	2	❺一种语法范畴，通过一定的语法形式表示说话人对所说事情的主观态度。	叙述式、命令式

通过"式"这5个义项的对比，我们认为"式"的类词缀构词是以义项❶为基础的，主要指"样式"，虽然这个义项是《现代汉语词典》的第一条解释，但在这个义项上生成的词能产性比较强，表示"样式"这个义项时，前面可搭配的成分多，形成了"x式"这样一个"造词模子"，所以我们认为"式"还是可以看作类后缀的。

类似于"～式"的类后缀，还有"状"，"状"也是一个多义语素，它在指"形状；样子"时，才是类词缀，如"蜂巢状、放射状、贝壳状、迎人状、漏斗状、非结晶状、不规则状、扫把状、吞水吐射状、饼状、胶状、保护状、蝙蝠状、膏状、透明状、自然破裂状、目不斜视状、疼痛钻心状"等词，都是这个义项构成的词，而在"起诉状、上诉状、申诉状、责任状、军令状"中的"状"，是指"诉状"义，意义没有虚化，所以表示"诉状"的这个义位构成的词，不是类词缀构词。"x式、x状、x型"等我们处理成类词缀，是因为我们认为这些语素都是表示"样式"，而且这些语素搭配的成分多，构造新词的能力强。

（四）不成词语素

这里所说的"不成词语素"只是"相对不成词语素"。按照马庆株（1995：60）的解释，相对不成词语素有两个或更多的义项，有的义项使它有时定位，另外的义项又使它不定位。尽管在词缀义上定位并可能不成词，在其他义项上还是不定位的并且是可能成为词的，这就是相对不成词。

比如"狂、迷"可以充当形容词或动词，但是在指某类人时，这些语素就不成词了，再如"热"，在"资产经营热、书画热、养鸡热"中的"热"是指"某种热潮"义，是不成词的。

在确立类后缀时，我们发现很多成词的能产性很强的语素，如"法、病、权、量、站、队、室"等语素，这些语素构成的词有很多，如"广告法、票据法、佝偻病、肠胃病、稻热病、主办权、决定权、埋藏量、生长量、发生量、雷达站、辅导站、四川队、汽车队、总裁室、监察室"等，但由于这些语素是成词语素，所以不把它们列入类词缀的行列。需要指出的是，成词语素和不成词语素在现代汉语中也不是能截然分开的，也有一些"灰色"地带，不好区分成词与否，这里基本依据的是《现代汉语语法信息词典》对于词性的标注。

通过对前面类词缀性质的探讨，我们把具有定位性，语义上比较虚化的能产性强的不成词语素称之为类词缀。

（五）类词缀与部件词的区分

通过对8万词数据库的统计分析的全盘考虑，我们认为现代汉语中构词能力强的语素有必要强调能产性强，意义没有虚化的部件词。

比如以"人"为词末构成的三字词在 8 万词库中有 161 次,其中有 155 次是"2+1"式的"xx人"结构,如"证婚人、年青人、老年人、纳税人"等,但这些词可以用"什么人"来提问,"人"是一个成词语素和自由语素,我们不把"人"之类的名词看做是类词缀,只是把它看做是部件词。像"人"之类的部件词还有很多,如"队、店、山、鱼、油"等等,譬如以"鱼"为词末构成的三字词也很多,如"养殖鱼、乌贼鱼、虹鳟鱼"等。这些语素是成词语素,意义没有虚化,不能算作类词缀,但这些语素构词能力强,构词也很有规则,是构词部件,属于"部件词"。因为这些语素是常用词,属于认知语言学中的基本层次(basic-level)范畴,所以以这些语素构成的词很多。

类词缀和部件词有很多相似的地方,构词的能产性都很强,差别在于两点,一是部件词意义比较实在,而类词缀意义比较虚化;二是类词缀有定位性,部件词没有定位性。我们之所以把部件词和类词缀区分开,还因为部件词可以前加"什么"来提问,如可以用"什么人"、"什么鱼"来提问。而类词缀前面一般不能加"什么"来提问,如不能说"＊什么鬼、＊什么界、＊什么化"等。①

如"x族"方式构成的词,在三字词词库中一共 29 个,有 26 个"x族"中的"族"是指"种族;民族"义,如"土家族、哈尼族、布依族"等,有 3 个"x族"中的"族"是指"事物有某种共同属性的一大类",如"追星族、工薪族、保安族"等。这两个义项的"族",我们认为表"种族;民族"义的"族"是部件词,表示"事物有某种共同属性的一大类"中的"族"是类词缀,前者

---

① 但如果是指"女鬼"中的"鬼"时,可以用"什么鬼"来提问,但"女鬼"中的"鬼"不是类词缀,意义没有虚化。

可以用"什么族"来提问，后者不能，说明后者的意义在虚化，如语料中有这样的例句：

(1) 最后一部小说《鹿鼎记》主人公韦小宝到底是什么族就不知道了，他妈妈交往的男人很多，汉、满、蒙、藏等民族的人都有，所以说不清韦小宝是哪一族人。

(2) 究竟算什么人，或叫什么族，这是民族工作者去识别和鉴定的问题，我是没有发言权的。

虽然在《语法信息词典》三字词词库中，收录的"xx族"词只有3个，但在1998年《人民日报》语料库中"xx族"三字词有15个，如"上班族、开车族、打工族、下岗族、私车族、长衫族"等等，"族"前的成分可以是动词性的，如"上班、开车、打工、下岗"之类的词；也可以是名词性的，如"私车、长衫"之类的词，作为类词缀的"族"前面可搭配的成分有动词性成分和名词性成分，搭配的词类序列可以概括为"vp+族"或者"np+族"。

有些名词性语素可以充当高频的部件词，如"剂、籍、工、服、石、夹、间、片、史、委、系"等，比如以"剂"为部件构成的词在8万词中有85个，如"杀虫剂、漂白剂、强心剂"等。再如"籍"，在1998年上半年的语料库中，就出现了"xx籍"的三字词达37词之多，有"国名+籍"的，如"法国籍"；有"省名+籍"的，如"贵州籍"；还有"城市名+籍"的，如"本溪籍"等。部件词构词频度高，像这样的词在构词上相当于刘源、谭强、沈旭坤（1994）所说的"接尾词"，刘源等列了"班、表、兵、波、部、厂、剂"等98个"接尾词"，台湾中央研究院的中文词知识库小组（1996）则收集了如"坝、波、簿、杯、碑、籍、剂"等180个接尾词。

我们通过对词库的调查，发现现代汉语词汇中有很多能产性强的构词部件，这些构词部件并不能都称之为类词缀，它们有词缀、类词缀和部件词之分。

三、基于词库确立的类词缀

我们所列举的类词缀是在现代汉语的词库及语料库中,通过实际的调查,并结合类词缀的性质而确立下来的。

本书首先调查语素在三字词中位于词首的频率,按照频率的高低和我们前面所确立的类词缀标准,逐一筛选类前缀,共有23个类前缀,然后抽取三字词中位于词末的语素,按照频率的高低和我们前面所确立的类词缀标准,逐一筛选类后缀。我们就是按照这种定量研究和定性研究相结合的思路,来考察现代汉语的类词缀的。计量分析是研究的基点,定性研究是类词缀的确立标准。

我们调查出的类前缀有23个,它们分别是:

半、不、超、大、代、单、第、多、反、泛、非、负、副、可、老、类、零、软、伪、无、相、小、总

这23个类前缀中,有"可、相"等2个语素只能充当二字词的类前缀。[①]

"阿"我们没有列入类前缀,因为"阿+姓氏"这一规则可生成很多的词,如"阿唐、阿王"等等,这一规则具有普遍性。

通过定量研究和定性研究相结合,我们共整理出了53个单音节的类后缀,它们分别是:

带、单、度、额、犯、方、费、风、感、观、鬼、户、化、机、计、记、家、件、界、狂、力、率、论、迷、面、品、期、气、器、群、热、赛、商、生、式、手、术、体、物、星、形、型、性、学、业、仪、员、园、者、症、制、状、族

我们承认除了单音节的词缀外,还有两个音节以上的词缀,如"~巴巴、~沉沉、~冲冲、~主义、~不溜溜"等之类的词,这些词缀没有在表中列出来。需要注意的是,类前缀和类后缀常

[①] 充当二字词的类前缀如"可、相"等,这些语素的能产性在新词的构造中能产性有限,派生的词大多可以收入词库中。

结合在一起用，如"泛"常和"化"、"论"、"主义"等类后缀一起组合成词，如"泛道德论、泛日耳曼主义"等词。

我们把每个类前缀和类后缀的频率、拼音、义项、举例列出，指明在哪个义项上这个语素可以类词缀构词，另外还参考台湾中央研究院的中文词知识库小组（1996）的报告和刘源、谭强、沈旭坤等的《信息处理用现代汉语分词规范》的内容，根据"中研院"和"《分词规范》"有无这个类词缀而设立"中研院情况"和《分词规范》情况"①，填"有"或"无"两个字段。我们对每一个类词缀从读音、词性、义项、同形、词频、构词等方面进行多维考察，建立了类词缀知识库，力求全面而系统地考虑类词缀在什么条件下构词，比如有些语素有几个词性，有多个义项，把这个语素所有的词性都列举出来，同时把这个语素构成的所有的三字词的词性列举出来，并把这个语素构成的三字词的结构切分出来，看看这个语素是否在以类词缀的方式构词，以此来确定类词缀。

下面我们以"机、费、力、期、感、热"等语素为例来说明它们的类词缀构词情况（见表3-2）：

表3-2 类后缀构词举例

类后缀	拼音	成词与否	词尾频率	兼类	类词缀的义项	三字词举例	三字词的切分	三字词的结构关系	中研院情况	《分词规范》情况
机	ji1	否	238	Ng、Ag	机器，属人造物。	摄影机	［摄影/v 机/Ng］n	定中	有	有

---

① 我们把台湾中央研究院的511个词缀、接头词和接尾词等录入数据库中以便对照，并把刘源等的《信息处理用现代汉语分词规范》168个词缀、接头词和接尾词也录入其中。台湾中央研究院和刘源等只是列举出词，而没有考察义项、所构成词的切分和结构关系等。

续表

类后缀	拼音	成词与否	词尾频率	兼类	类词缀的义项	三字词举例	三字词的切分	三字词的结构关系	中研院情况	《分词规范》情况
费	fei4	否	94	Ng、v	费用,开支的钱	保安费	[保安/n 费/Ng]n	定中	有	有
力	li4	否	80	n、Ng、Vg	力量;能力	鉴别力	[鉴别/vn 力/Ng]n	定中	有	有
期	qi1	否	57	Ng、Vg、q	表示一段时间	考察期	[考察/vn 期/Ng]n	定中	有	无
感	gan3	否	30	Ng、Vg	感觉;情感	安全感	[安全/a 感/Ng]n	定中	有	无
面	mian4	否	58	n、Vg、q、a	部位或方面	黑暗面	[黑暗/a 面/Ng]n	定中	有	有
犯	fan4	否	30	Ng、v	罪犯	重刑犯	[重刑/n 犯/Ng]n	定中	有	有
热	re4	否	15	a、Ng、v	某种热潮	书画热	[书画/n 热/Ng]n	定中	有	无
族	zu2	否	3	Ng	事物有某种共同属性的一大类	上班族	[上班/v 族/Ng]n	定中	有	无

通过对类后缀构词结构的考察,我们发现类后缀构成的词大部分是定中结构,充当类后缀的语素如果兼属几种词性,做类后缀时一般是"名语素(Ng)",如上表中的"书画热"中的"热"词性标注为 Ng 比较合适,还有"保安费"这一词切分之后,"费"

计算机有自动标注成 v 的情况,这是应该避免的。

下面列表显示我们的类前缀表和类后缀表,词表的编排顺序是:词目、出现频率、义项、义项用《现代汉语词典》的标注条目。

类前缀词目

半(20)❹、不(54)①、超(21)❷、大(83)②、大(42)③、大(5)❽、大(6)❺、代(27)❷、单(12)④、第¹(5)❶、多(37)❶、反(36)❹、泛(1)❸、非(6)❺、负(12)❿、副¹(9)❶、副¹(3)❸、可①(24)❸、老(1)⑤、老(3)15、老(7)❷、老(7)⑥、类(7)❸、零(15)❺、软(31)⑦、伪(10)❶❷、无(45)❶、相¹(15)❶、小(35)⑧、小(36)⑨、小(15)⑩、小(6)❺、总(20)❷、总(10)❸

类后缀词目

带(19)❸、单(44)⑪、度(45)❹、额²(25)、犯(30)❸、方²(15)❷、费(94)❶、风(40)❺、感(30)❺、观(11)❸、鬼(8)❷、鬼(3)⑫、户(23)❷、化(129)❽、机(238)❶、计(36)❷、记(4)❸、

---

① "不"的义项我们在调查语料基础上增改为"用于某些名词、动词、形容词或名词性语素前,构成具有否定意义的形容词"。
② "大"的义项增改为"在体积、面积、数量、力量、程度、强度、幅度等方面超过一般或超过所比较的对象"。
③ 我们将"大"增加一义项为"用在事物名前,表示分类"。
④ 引用《规范词典》义项❶。
⑤ "老"表示排行。
⑥ "老"表示"蔑称"。
⑦ 该义项词典没有,我们确定为"指生产、经营、科研等部门中的非设备性因素"。
⑧ "小"的这一义项增改为"在体积、面积、数量、规模、力量、程度、地位、年龄等方面不及一般或不及比较的对象(跟"大"相对)。
⑨ 我们增加"小"的一义项为"用在事物名前,表示分类"。
⑩ 我们归纳"小"的其中一个义项为"表示爱称、小称"。
⑪ "单"引用《规范词典》义项❻。
⑫ "鬼"引用《规范词典》义项❼。

家(94)❺、件(10)❷、界(51)❸、狂(5)①、力(80)❷、率②(95)、论(44)❸、迷(1)❸、面(58)❼、品(107)❶、期(57)❷、气(44)❽、器(215)❶、群(3)❶、热(15)❽、赛(34)③、商(20)❸、生³(63)❶、式(72)❷、手(32)❼、术(17)❷、体(63)❷、物(66)❶、星(37)④、形(27)❶、型(35)❷、性(303)❸、学(188)❹、业(63)❶、仪²(33)、员⑤(159)、园(16)

限于篇幅，我们只摘取类词缀知识库中的主要字段列表说明，在举例中我们尽量照顾不同词性的词语和类词缀的结合，以及不同音节数和类词缀的结合。另外，我们所列出的类前缀表和类后缀表都是通过词义、词频的考察初步得出的结论，还有待于进一步的考察。

本书所确定的类词缀是基于词库的定量研究和定性研究的结合，本书和前人所确立的类词缀相比，有不少继承，但也有一些发展。不同的是，本书在确立类词缀时，是基于词库来研究的，对于《语法信息词典》中统计出来的高频语素，有些是学界已经大都承认的类词缀，如"性、学、员、化、品、者、率（lǜ）、家、式"等，但还有些是我们和一些少数的学者收录的类词缀，如"机、器、品、费、力"等，我们也因其高能产性而收入。另外，在类词缀确立的标准上，我们对"类词缀的定位性"强调得更加具体，强调类词缀定词性、定义项、定词中的位置，在对类词缀的描写上更加具体。由于对类词缀的特征——虚化程度的理解不大一致，我们理解"虚化"除了有表达性派生之外，还有功能性派生，另外还扩展到语义上的"格"，综合考虑类词缀的统计数据

---

① 我们增加一义项为"指某种狂热的人"。
② "率"读音为"lǜ"。
③ "赛"引用《规范词典》义项❸。
④ "星"引用《规范词典》义项❺。
⑤ "员"引用《规范词典》义项❶。

和性质，我们确定了类词缀的范围，一方面为适应对外汉语教学的需要，另一方面也是为了中文信息处理的需要。

我们确定的类词缀的范围和前人的研究有所不同，一个是标准的差异，另一个是语言的发展。近年来，汉语新词语的构词过程正兴起"词缀化"倾向，类词缀的数量正出现扩充的趋势，数量增多有两个原因，一个是从外语翻译的词多，另一个是本土用类推的方式构造的词也很多，这就使派生法构词具有越来越重要的意义，有关类词缀的研究也很有价值。

第四节 第二语言习得者的语素构词意识

一、汉语两字词和三字词的构成

汉语两字词和三字词的语素构成很值得分析，可以从词的结构类型、语素的构词数、词义和语素义的关系等几个方面来探讨。

（一）汉语两字词

邢红兵（2004）建立了基于《汉语水平词汇等级大纲》的语素数据库，其中合成词数据库对合成词的结构类型做了标注，共分为18类。单纯词主要包括叠音词、联绵词、音译词三类，统一标注为 dc，不再细分。复合式包括联合式 bl（包括动语素联合 blv、名语素联合 bln、形语素联合 bla 和其他联合 blq）、偏正式 pz（包括定中结构 dz、状中结构 zz）、述宾式 sb（包括介宾结构 jb）、主谓式 zw、补充式 bc（包括述补结构 sbu、名量结构 ml）；附加式 fj 包括前缀结构 qz、后缀结构 hz、述介结构 sj、重叠式 cd。有一些词结构难以分析，将其定为特殊结构 ts，还有一些结构是非词的，比如"……分之……，得了"等，将其定为其他结构 qt。具体标注规则如表 3-3 所示：

表 3-3　双音节词的结构类型

单纯词		dc			蜘蛛、徘徊、蘑菇
合成式	联合式 bl		动语素联合	blv	指示、治理
			名语素联合	bln	子孙、踪迹
			形语素联合	bla	真实、整齐
			其他联合	blq	刚才、全都
	偏正式 pz		定中结构	dz	来宾、乐观
			状中结构	zz	普及、热爱
	述宾式 sb		述宾结构	sb	下班、享福
			介宾结构	jb	据说、自古
	主谓式 zw		主谓结构		地震、目前
	补充式 bc		述补结构	sbu	减少、判定
			名量结构	ml	车辆、事件
	附加式 fj		前缀结构	qz	老虎、阿姨
			后缀结构	hz	孩子、跟头
			述介结构	sj	处于、难于
	重叠式 cd		重叠结构		刚刚、娃娃、仅仅
特殊结构		ts			方程、牢骚、果然
其他结构		qt			……极了、……的话、对了

　　语素的使用分独立成词和参与构词两种情况，有的语素的构词能力强，有的语素构词能力弱。据邢红兵（2006）对《汉语水平词汇与汉字等级大纲》双音合成词的统计分析，可以构词的语素按照不同的义项排列，共有 4855 条，参与构词数量 12792 个，平均每个语素构成 2.63 个词。构词数量最多的是词缀"子"，共构成 120 个词，其次是"不"的第 1 个义项，共构成 60 个词。语素构词数最少的只构成 1 个词，例如"锁"在《汉语水平词汇与汉字等级大纲》中只构成"封锁"1 个词。

　　姜自霞（2005）从语素在不同义项上的构词角度出发，为对外汉语学习词典编纂中的义项分合等问题加以讨论，文章考察了43个构词力强的名词性语素，分别为：子、心、人、头、手、面、口、体、眼、身、工、文、事、道、物、法、力、意、情、性、名、色、气、水、地、天、风、火、电、光、山、日、花、车、石、门、机、年、家、油、时、声、军。这些语素共构成了10008个词语，在把词语对应到语素的相应义项的过程中，绝大部分从词义中离析出的词素义能和语素义直接或间接地对应。

符淮青（1981）从词典释义的角度，考察了由多个（主要是两个）语素构成的合成词的词义与语素义之间的关系。在此基础上，符淮青（1985）把词义与语素义的关系概括为五种类型：(1) 语素义直接地完全地表示词义，如"平分、哀伤"等；(2) 语素义直接地但部分地表示词义，如"平年"等；(3) 语素义间接地表示词义，如"铁窗、反目"等；(4) 表词义的语素有的失落原义，如"船只"等；(5) 语素义完全不表示词义，如"东西"等。据张江丽（2010）对40名中级水平的汉语第二语言学习者的调查，结果表明被试对五类词的猜测成绩上存在显著性差异。这说明词义与语素义之间的关系影响被试猜测词义的效果。词义与语素义之间的融合程度越高，被试猜测的难度越大；词义与语素义之间关系的复杂程度越高，被试猜测词义的成绩越差。语素义体现词义的内容越多越直接，被试猜测词义的成绩越好。由此，作者建议在汉语第二语言词汇教学中应注意以下四个方面的问题：(1) 增强学习者的语素意识；(2) 加强对复合词内部关系复杂性的认识；(3) 重视对词汇、汉字的"深度加工"；(4) 重视词的文化意义。

（二）汉语三字词

2.1 三字词构词的词法模式

我们对《现代汉语语法信息词典》数据库[1]中8万多个词语进行了详细的考察，并按照"词语正序"和"词语逆序"两种方式进行统计，发现在以"词语逆序"的方式构成的词库中，词语的后字构词有一些很有规律的现象。如有一些语素经常出现在词尾，形成了一些比较凝固的词法模式，如"XY 人、XY 法、XY 热、XY 期、XY 费、XY 派、XY 卡、XY 迷"等结构。

其中尤为值得注意的是，这些能产性强的语素在构成三字词时形成了一种"类义功能"。"热"在构成三字词时，在形式上形成了"XY 热"的词法模式，在意义上也有一种聚合功能，如"股票热、回归热、电脑热"等，这些是比较新的词，是按照某种造词模式创造出来的，将来如果再出现一个新兴的行业，还可以另造新词。正是有了这种比较凝固的词法模式，新词才会源源不断地创造出来。

何谓词法模式？董秀芳认为词法模式具有以下特征：（1）其中一个成分具有固定性，另一个成分具有语法类别和语义类别的确定性。（2）构成成分之间的语义关系固定。（3）整体的意义基本可以预测。

我们认为词法模式的形成应有两方面的基础，在形式上有一些固定成分，在意义上，有这个模式所凝聚的整体意义。因此，我们把汉语中具有一定规则性的产生词的格式称为词法模式，如"XY 期"、"XY 法"、"XY 热"等三字词的格式，这些格式中有一个成分固定，词义比较透明，结构关系为定中式。例如"XY 期"表示"某一个具体的时段"，以这个模式构成的三字词比较多，如"采收期、经销期、低潮期、巅峰期、合同期、繁荣期"等，调查 1998 年和 2000 年的《人民日报》的语料，发现"XY 期"模式构成的三字词共 312 个，说明这种词法模式的能产性还是很强的，有研究的价值。

三字词的词法模式具体有哪些，它的构成有哪些规则？笔者从对《现代汉语语法信息词典》数据库的逐条分析出发，认为三字词的词法模式主要可以从构成成分和语义类别两个方面来探讨。

2.2 词法模式中的"部件词"

三字词的词法模式中有一些成分比较固定的词,如"XY法"、"XY期"、"XY热"中的"法、期、热"等,这一类词形式上比较固定且能产性强,我们把这些构词成分称之为"部件词"。部件词的抽取有助于三字词词法结构和语义结构的识别,因而对部件词的研究实际上也蕴含了对词法模式的研究。

部件词在构成三字词时相当于一个"造词模子",可以生成很多的词语。董秀芳(2004)认为:"汉语词库中不仅存储一些高频词,而且同时存储一些高频语素,因为这些语素是构词要件,是词法规则所作用的对象。"

因此,我们有必要把这些高频语素和高频词都挖掘出来,作为造词的重要"部件",分析词的构成。我们认为,词法研究的目标不仅仅是语言中现实的词的集合,也有语言中可能的词,即研究合法的词的生成规则。

如现代汉语中以"人"为词尾构成的词,能产性比较强,在《现代汉语语法信息词典》词库中以"人"为词尾构成的三字词有161次,其中有155次是"2+1"式的"XY人"结构,例如"湖北人、证婚人、纳税人、年轻人、庄稼人"等,都是表示某种类别的人,基本上是定中结构,其中"湖北人、美国人"等是由"地名+人"的词法模式所构成的,表示"出生在某地或居住在某地的人","出生"或"居住"的含义就是词法模式所赋予的。该模式作用力最强,可以说具有一定的平行周遍性,由此,可以生成和理解"湖南人、德国人"等很多词。

像"XY人"之类的词法模式还有很多,如"XY队、XY店、XY山、XY鱼、XY油"等等,如"探险队、足球队、医疗队"等,"XY队"也能形成表示"某种群体"这样一种词法模式义。[②]调查了《现代汉语语法信息词典》词库,发现"店"位于词尾的三字词共36个,如"食品店、服装店、夫妻店、代销店"等;

"店"位于词首的三字词只有1个,即"店小二";"店"位于词中的三字词没有。从词频上考虑,"店"位于词尾时,因构词能力强,可形成一种"XY店"的词法模式,表示"什么类型的店",是定中结构。

我们把"XY人、XY山、XY鱼、XY油"中的"人、山、鱼、油"等成词语素也列为部件词,

一是重视这些语素在词中的位置,它们在词尾时才能凝固成词法模式,具有一定程度的定位性;二是强调这些语素的构词能力强;三是为了说明这些语素也能像"词缀"、"类词缀"一样,形成某些词法模式;第四是为了说明这些语素在整个组合中具有一种"类义功能",因此我们把具备这些条件的语素称之为"部件词"。

2.3 基于《现代汉语语法信息词典》的部件词的提取

三字词中究竟有哪些词可以称为部件词,我们在第2.2节中已考虑到首先基于词频选取部件词,认为构词词频高,是成为部件词的必要条件。我们首先基于《现代汉语语法信息词典》8万多词的词库,进行了三字词的提取,共有13778个三字词,组成"三字词词库"。根据部件词在三字词的定位情况,我们分别提取"接尾词"和"接头词"。

我们对前面所介绍的"三字词词库"进行了逐一分析之后,对这13778个三字词的位于词尾的词进行了再次抽取,共有1539个字,也就是说有1539个字位于13778个词的词尾,那么必然有一些字重复地充当了三字词的词尾,把这1539个单字在数据库中按照构词频率排列,建立三字词的"接尾词词库"。

这1539个字按构词频率由高到低排列的前50位分别是:

子、性、机、器、学、人、员、化、会、品、者、儿、率(lǜ)、法、费、家、病、部、表、剂、线、权、车、力、量、站、队、式、室、花、片、物、纸、生、业、体、石、头、词、面、

期、书、场、油、图、素、炎、点、虫、院

这前50个字的构词频率都在53次以上，其中前21个字的构词频率都在85次以上。

我们还对位于词尾的1539个字的构词频率由低到高进行了排列，这排名后50位的单字分别是：

妻、浅、签、千、传、汽、喘、棋、脐、喷、凄、抢、谱、浦、泼、坪、频、篇、屁、春、皖、戚、卿、染、犬、醛、丑、趣、渠、黢、屈、出、欠、囚、川、沁、勤、储、怯、俏、瞧、黜、蟆、跑、除、曼、朦、氓、闷、搭

这50个字的构词次数都是1，甚至于到527个字的构词频率都是1。这些字构词能力极弱，就不能作为部件词了。

成为三字词的部件词不仅要求构词词频比较高，还要求在语法结构的切分上能独立构词。如"物理学"和"伪科学"中都有"学"，但是"物理学"中的"学"指的是"某种学科"义，可以构成"货币学、档案学"等词，而"伪科学"中的"学"首先和"科"合成"科学"，然后和"伪"这个语素构成三字词。从切分上说，如果对"伪科学"采取直接成分分析法的话，是"伪/科学"，而不是"伪科/学"，"学"并不是这个三字词的"直接成分"，所以我们把"物理学"中的"学"当作是三字词的部件词，而不把"伪科学"中的"学"作为该三字词的部件词。

因此确定三字词的部件词，必须分析词的结构。若有一个三字词ABC，只有当C是被独立切分的时候，C才可能是部件词。如对ABC采取直接成分分析法，ABC被切分为"AB/C"时，C才可能是ABC的部件词，如"视力/表、体检/表、除臭/剂、清洁/剂"中的"表、剂"是部件词。若ABC被切分为"A/BC"时，C就不能被看做是三字词的部件词，如"女/主人、光/化学、伪/科学、总/动员、肝/硬化、黑/社会、副/产品、电/功率、零/利率"等中的"人、学、员、化、会、品、率"等就不是以上所

举的三字词的部件词。

我们对按照词频排列的三字词"接尾词词库",采取切分的分析法,提炼出部件词,得到按词频排列的部件词表。根据这个部件词表,去处理《人民日报》1998年和2000年已标注的语料库,补充少许有典型意义的部件词,进一步筛选部件词。最后筛选了185个接尾词,如下所示:

班、办、病、部、菜、层、厂、场、池、处、船、村、带、单、党、岛、地、点、店、调、度、队、额、儿、法、犯、方、房、费、风、服、感、工、股、关、观、官、馆、管、鬼、国、户、花、化、会、货、机、级、集、籍、计、记、剂、夹、家、价、间、件、江、奖、匠、街、节、界、金、局、剧、军、卡、科、课、口、库、款、狂、栏、佬、类、力、连、量、林、令、楼、录、路、率(lù)、论、们、迷、面1、面2[④]、能、年、牌、派、盘、旁、棚、片、票、品、瓶、期、气、器、枪、桥、球、区、曲、圈、权、券、群、热、人、日、赛、色、山、商、社、生、省、师、石、史、市、式、室、手、书、术、树、数、税、所、台、坛、体、厅、头、图、团、网、委、舞、物、席、系、险、县、线、腺、箱、鞋、心、星、形、型、性、学、炎、药、业、仪、于、员、园、院、月、展、战、站、者、证、症、值、制、状、子、族、组、罪

调查这185个接尾词,发现这些词大部分是常用词,如"班、病、菜、厂、船、村、党"等等,属于认知语言学中的基本层次(basic-level)范畴,所以以这些语素构成的词很多。

另外需注意的是,部件词有单音节的,也有双音节的。如"X巴巴、X油油、X灿灿、X乎乎、X光光、X溜溜"等叠音的后缀,还有"分子、主义"等双音节的部件词。

为了调查三字词中的"接头词"的情况,我们按前面所操作"接尾词词库"的操作方法同样抽取了《现代汉语语法信息词典》

数据库的三字词中的"接头词",按照词首的构词频率由高到低建立"三字词的接头词词库"。

我们在接头词词库中,提取按构词频率由高到低排列的 50 个语素,它们分别是:

大、电、小、老、水、打、中、地、白、保、发、工、黑、高、一、生、自、三、外、不、红、分、黄、天、无、公、防、金、出、人、马、文、单、太、热、主、花、交、核、多、总、冷、通、海、火、上、开、反、有、二

这些字的构词频率都在 35 次以上。其中有些语素,如"大、小、老、水、打、地、白、一、二、黑、三、红、黄、天、人、热、花、冷、海、火"等是在 Swadesh (1952) 的 207 个基本词汇表中体现的,Swadesh 的基本词汇表是基本词汇库的原型,这个词表以概念上的必然性为其定义基准。① 我们上面按词频排列的高频语素,如"电、核"等语素,Swadesh 的基本词汇表没有也是正常的,因为社会在进步和发展,语言中的词汇也在发展。

位于词首的部件词的确认,不仅要看词频,还要看部件词构成的三字词的结构,对结构的分析主要采取切分的方法。如"电"位于词首的频率虽然很高,但是构成的三字词 ABC 的结构有很多是 AB/C 式的,如"电视机"的切分是"电视/机",说明"XY 机"是该词的词法模式,而"电 XY"不是"电视机"的词法模式,这是从直接成分分析法的角度来考虑的。确定一个语素 A 是不是三字词 ABC 的部件词,可以从语素的组合层次来看,A 应该被独立切分,形成 A/BC 式的格局。

考察了上面所提到的"三字词中位于词首的构词频率最高的前 10 个语素",发现"水、中、地、白、保"等不是构成三字词

---

① 转引自陈保亚:《20 世纪中国语言学方法论》,山东教育出版社 1999 年版,第 61—72 页。

的部件词，而是构成二字词的部件词，如"水烟斗、水利局"的切分分别是"水烟/斗、水利/局"，"中心词、中介人"的切分分别是"中心/词、中介/人"，"地形图、地区性"的切分分别是"地形/图、地区/性"，"白斑病、白日梦"的切分分别是"白斑/病、白日/梦"，"保温层、保健员"的切分分别是"保温/层、保健/员"，也就是说，"水、中、地、白、保"在词中没有被独立切分，不是部件词。而"大、小、老、打"等可以说是构成三字词的部件词，如"大/丈夫、小/花脸、老/病号、打/下手①"等，因为这些三字词的切分格局是 A/BC 式，A 被独立切分，且 A 的构词频率高，所以 A 可以被提炼成为部件词。

我们对按照词频排列的三字词"接头词词库"，采取统计分析和切分分析相结合的方法，提炼出部件词，并在语料库中进行了检验，最后筛选了 26 个接头词：

副、打、第、多、泛、类、超、无、非、代、半、老、不、总、反、软、可、零、相、伪、第、单、负、大、老、小

这些接头词构成的三字词的词性有很多是区别词（b）和名词（n），如"副厅级、超薄型、半自动、多层次"等是区别词，"代厂长、总书记、零距离"等是名词。有一些接头词本身是动词，如"超、反、无"等，在构词时由于使用频度高，渐渐向类词缀转化。另外，有一些接头词也可以说是和英语的前缀相对应的，如"超、反、不"等，下面以"超"为例来说明中文构词和英文的对译。

汉语中的"超"可对应于英语的 hyper-，ultra-，over-等词缀，比如"hypernotion（超概念），hyper text（超文本），hyperacoustic（超声波），supergiant（超巨型的），supernatural（超自然的），

---

① "打下手、打牙祭、打折扣、打主意"等三字词的结构都是述宾式，可以构成"打 XY"的词法模式，这一类结构在《现代汉语语法信息词典》数据库中有 45 个。

superior（超一流），ultraportable（超便移式），ultrasonic（超音速的），ultrafast（超速的），ultracytochemistry（超显微生物化学），overweigh（超重），over age（超龄的）"等，这些现象说明从外语翻译的外来词也对形成部件词产生了一定影响。语言在发展，汉语新词语的构词过程正兴起"词缀化"倾向，而这些词缀又不是真正的词缀，先纳入部件词的考察范围。

2.4 单音节部件词构词的类义功能

单音节部件词，包括接头词和接尾词，具有"类义功能(function of class meaning)"。有一些学者谈到过"类化作用"，如朱亚军（2001）、王洪君、富丽（2005），认为"类化作用"指的是词缀、类词缀和"助字"有决定整个组合的语法功能的类范畴。我们这里所说的单音节部件词的"类义功能"指的是，部件词在某一个义项或几个义项上构词能力强，构成的词形成一组表示某一种"类别"的意义相关的"词群"，在语法结构上也有决定整个组合的语法功能的类范畴作用。

有的语素有可能有几个义项，究竟是在哪一个或哪一些义项上这个语素能成为部件词，这就要考虑语素的义项问题。比如"法"，《现代汉语词典》解释有7个义项，我们认为在2个义项上"法"可以形成词法模式，这2个义项我们分别归纳为"在某一个领域具体的法规"和"方法、方式"，形成的三字词组合分别有"广告法、票据法"和"结合法、嫁接法"等，语法结构都为定中式。

有的同音语素不止一个义项，义项之间有一定的关联，可以设同形1、同形2等。如以"族"为语素构成的能产性比较强的词群有两组，一组是如"布依族、俄罗斯族"之类的词，还有一组是如"追星族、工薪族"之类的词群，第一组中的"族"是"种族；民族"义，第二组中的"族"是指"具有某种共性的一大类事物或人"的意义。

我们把第 3 节中所介绍的 26 个"接头词"、185 个"接尾词"整理成了"部件词知识库",主要列举出部件词的读音、义项、词性、构词频率、构成的三字词、三字词的切分和语法结构,并参照刘源等的《信息处理用现代汉语分词规范及自动分词方法》以及台湾中央研究院的"接头词"和"接尾词"情况于库中,便于对比说明。

我们构建的"部件词"知识库,列出了每一个部件词的词性,构成的词是什么词性。单音节部件词在切分时,词性绝大部分标注为名词(n)、名语素(Ng)和词缀(k),三字词的语法结构以定中式和附加式为主,如"安家费、办公费、艺术性、可用性"等,部件词的词性在整个结构中起着主导作用,比如"安家费"中的"费"是名词,决定了整个组合也是名词性的;"艺术性"的"性"是词缀,决定了整个组合是附加式的。

语素或词的读音对能否成为部件词还是有很重要的作用的。比如"地"构成的三字词在整个 5 万多条的三字词库①中共有 258 条,形成"XY地"结构,如:

A 组:举办地、发案地、涉案地、申办地、主办地、承包地、沙包地、外包地、三保地、储备地、四边地、停泊地、油菜地、种菜地、芳草地、牧草地、青草地、注册地、观测地、硬茬地、矿产地、生产地、盛产地、遗产地、原产地、成长地、碱场地、主场地、报出地、调出地、流出地……

B 组:长长地、痴痴地、呆呆地、深深地、闷闷地、闪闪地、生生地、稳稳地……

这些三字词中,A 组"举办地、发案地"中的"地"和 B 组"长长地、痴痴地"中的"地"读音和词性不一样。A 组的"地"

---

① 这 5 万多条三字词词库,是在《现代汉语语法信息词典》13778 个三字词的基础上扩展而成的,扩展《人民日报》1998 年的经切分标注后的语料库中的三字词约 38455 个,共形成 52210 个三字词词库。

是名词,读"dì";B 组的"地"是助词,读轻声。像 A 组"举办地"中的词法模式是 XY 地(dì)",表示"地方(dìfang)"①义,有 265 个;像 B 组"长长地"这种"XX 地"的词法模式,第 1 个语素和第 2 个语素重叠,构成状态词,共 20 个。

我们在部件词知识库中非常重视部件词的意义及构成词的意义,发现部件词构成词的意义具有透明性、规则性,因而词典不会全部收录这种构词方式构成的词。由于部件词目前正处于能产活跃期,其新生类推潜能是无限的,如"显示器、充电器、山寨版、股票热、二手车"等,因此任何一部词典,即使是大型词典也不可能穷尽地收录部件词构成的所有词,而且不少部件词构成的词词频很低,如"减震器、测程仪、引座员、蛲虫病"等,它们是根据需要而临时创造的。三字词中的"部件词构词"具有一定程度的规则性和普遍性,是汉语新词得以出现的主要框架。

通过我们对部件词意义的归纳,发现部件词的意义大致可以归纳为下面 15 类:

(1)表示某种类型的人,这一类部件词比较多,如"犯、鬼、佬、家、户、狂、迷、群、商、生、手、星、员、者、族、侉、人、分子"等,这些部件词总是描写社会生活中的某一类人,人群的划分和描写在语言中常被应用,人常作为对象或主体在语言中被描绘,这类语素能产性比较强,所以我们建议把表示某种类型的人的语素或词列为部件词,表示人的类别。

(2)表示"物件、物体"的意义,如"件、品、体、物"都有表示"物品、事物"义,例如"件"的含义是"指总体中可以分开——计算的事物",如"焊接件、加工件"等;"品"的含义是"物品",词频很高,有 107 次,如"收藏品、滋补品、洗涤品"

---

① "地方(dìfang)①"指《现代汉语词典》(第 5 版)所列词义的第①个义项,即"某一区域;空间的一部分"义。

等；"体"的意义是"物体"，如"棱柱体、立方体、结晶体"等；"物"的意义是"东西；事物"，如"图腾物、吉祥物"等。

（3）表示某一类具体的事物，如"机、菜、厂、场、单、店、额、房、费、国、花、会、货、籍"等，可以构成"锁边机、金针菜、合资厂、停车场、承包单、音像店、赔偿额、限价房、保安费、签字国、迎春花、招待会、原装货、法国籍"等。

（4）表示某个地方，如"点、处、地"等，可以构成"创新点、背阴处、举办地"等。

（5）表示事物的性质，有"化、度、气"等，如"普遍化、舒适度、书香气"等。

（6）表示观点、态度，有"论、观、感"等，可以构成"概率论、工作观、安定感"等。

（7）表示"部位或方面"，有"方、面"等，如"破产方、黑暗面"等。

（8）表示"方法"，有"术、法"等，如"移植术、结合法"等。

（9）表示某个组织，如"班、团、军、组、党、队、股"等等。

（10）表示某个机构，如"办、部、处、局、科、连、所、组"等。

（11）表示时间，如"年、月、日、周"等。

（12）表示处所，如"带、地、点、关、馆、库"等。

（13）表示计量、数量相关的意义，如"户、集、量"等，如"达标户、摄影集、生长量"等。

（14）表示某个特定领域，如医药领域的"病、炎、症、药"等，可构成"肠胃病、牙周炎、不孕症、特效药"等。

（15）表示地名，如"楼、路、省、市、县、村、岛"等。

对《现代汉语语法信息词典》中的部件词进行研究，先把这些词教给学生，或者在遇到这些部件词时着重列举它们的构词方法，让学生能触类旁通，用这种方法对于"先教什么汉字"、"怎么教词语"的问题有所帮助。

二、第二语言习得者的语素构词意识

第二语言习得过程中面临的问题是：第二语言习得者有没有构词意识？

朱志平（2006）从双音词语素结合理据的角度，提出理据在词义解释中的关键作用，认为留学生习得双音节词需要理据来引导。也有一些研究从留学生习得过程来研究语素的作用，结果发现留学生具有很强的语素构词意识。冯丽萍（2002）通过实验方法，发现中级水平的留学生已经具备了一定的结构意识和语素构词意识。邢红兵（2003）将 520 个偏误合成词归纳为五类：新造词；语义相关语素替代；使用语义无关语素或增加、减少语素；语素顺序错误；其他错误。通过对留学生偏误词的统计分析，初步提出留学生能够较好地掌握汉语的构词规律，语素的构词能力和构词位置等因素都会影响留学生复合词的生成。徐晓羽（2004）等通过实验研究发现初级水平的留学生已经初步具有语素意识，通过语素义来推知词义是他们理解新词的一个重要策略；词的结构类型是留学生理解和生成中很重要的影响因素；同时字形、字音等因素对留学生合成词的认知也有一定的影响；语素的构词能力强弱、能否单用等性质，也影响着留学生对复合词的认知。

根据我们在写作课中的教学实践，认为生造词确实能反映留学生的构词意识。生造词，是指留学生使用的合成词在汉语中没有对应的词，或者虽然有对应词但用词错误。① 比如学生写道：

---

① 我们这里采用的术语是"生造词"，有别于邢红兵（2003）的新造词，强调这是一种词汇偏误。

(1) 现在我才想，什么样的考试都让我们吃劲儿。

这里"吃劲儿"我们修改成"费劲儿"，这是属于生造词的错误，汉语有"吃力"和"费劲儿"的合成词，却没有"吃劲儿"这一词语。生造词很多是留学生根据类比造出来的词，比如：

(2) 我还参加了学校的中国语剧团，这拓展了我的汉语面和关于中国文化的知识面。

这里的"汉语面"是仿造后面的"知识面"而编造出来的，说明学生对于汉语合成词的生成有一些结构意识。

(3) 在火炕屋吃饭的时候，长辈坐在炕头，晚辈坐在炕梢（炕尾）。

例（3）是一名韩国学生仿造"树梢"造出"炕梢"这一合成词。

"兵人"和目标词"士兵"或"军人"之间有一个语素相同，学生在《发展汉语中级汉语听力（下）》的课堂上就出现了"兵人"的说法，因为课文里还出现了"恋人、亲人"等偏正式合成词，所以学生很自然地就生造出"兵人"的词语。另外，中级阶段的韩国学生还造出了"暑寒假"之类的词，而中文是"寒暑假"。这说明在中级阶段有些留学生的确有了构词意识，并能够运用到词语的产生中。

有的偏误合成词在汉语中有对应的词，但是生造词和对应词之间没有相同或相关的语素，比如"认出卡"和目标词"身份证"，"洗澡房"和"浴室"等，这类偏误合成词有对应的目标词，但是生造词和目标词没有语素相关，可以推断这些词是留学生根据规律自己造的。

三、构词法对于词汇教学的意义

根据构词的语素、语素之间的结构关系即根据构词法来展示词的意义，是一种有效的教学方法。

首先，通过构词分析，整词的意义由语素全部或部分体现出来，词音与词义的内在联系被发掘出来，语素义与词义顺理成章的联系带给学习者的是自然感和熟悉感，这有助于淡化生词的陌生感。比如在处理《生活119》一课时，可以让学生找出含有"火"字的词语，有"防火、火场、火警、火灾、灭火、救火"等，这就是将与"火"这个语素相关的词形成一个词群，一方面，这些词的词义易于为学习者所理解，另一方面，也有助于学习者学会词义辨析的方法。

汉语中的很多词是通过两个词或几个词"压缩"而成的。一个词，如果学生学过其中的某个或某两个语素，教师就可以通过语素扩展的方法给学生释义。比如"赞扬"一词，如果学生学过"表扬、称赞"的话，教师就可以把"赞扬"解释为"称赞表扬"，同理，还可以解释"病危——病情危险——快要死了"，"欢笑——欢乐/快乐地笑"等。

类推法是利用一部分有词汇意义的语素类推出新词语的意义，比如，利用汉语里前缀、后缀的成分，学过了"学员、职员"，知道"员"是表示"工作或学习的人或团体组织中的成员"，教师就可以在学习其他词语时引导学生类推意义："演员、店员、邮递员、党员、队员"等。另一些语素虽然不是词缀，但构词能力强，也可用于类推释义。例如表示地方、场所的"馆"，有"饭馆、宾馆、茶馆、图书馆、博物馆、大使馆、游泳馆"等。

其次，汉语的复合词的语素可以形成几种基本的结构关系，而结构意义也是词义的一部分。汉语词法和句法的一致性也给词义理解和短语的分析带来便利。特别是对于同素异构词而言，语素之间的结构关系对词义的影响就表现得更为明显，如"炒菜"作为动宾式理解的意思是用"炒"这个方法做菜，作为偏正式理解的意思是指"什么样的菜"。

再其次，对于学习者进行语素观念和构词意识等的培养，有

助于他们用已有知识推测新词语的意义,培养学生的猜词能力。如学生在阅读中碰到这样的生词:

(4) 他的发音很清晰。
(5) 飓风对这一地区的交通造成了很大的破坏。
(6) 在一个寂静的夜里,他离开了生活了三十年的城市。

碰到"清晰、飓风、寂静"这样的词,可通过已经掌握的语素和上下文来猜词,增强学生学习的成就感,借此还可以增加学生对汉语词语结构的认识。

词的内部构造对猜词有影响,联合式合成词的一部分(如"孤独、攻击"),其意义可由其中的任一语素义推知,猜测起来最容易。偏正式合成词(如"正视、武断"),如果知道中心语素,可以部分猜出整词的意思。猜测陈述、支配、补充式合成词时,则需要了解全部语素的意义,难度更大。另一方面,不少合成词也和成语、典故一样,"趋于符号化、形式化,其含义不能从字面意思进行推理"(于善志、张新红 1999),学生在利用语素知识对这样的词进行推测时,往往猜不出来。猜词是一个受多种因素影响的复杂过程,猜词训练也是对学生用汉语进行思维训练的尝试之一。

第五节 对外汉语教学中的"字本位"理论

语素组合成词,这是语法单位的第一次增量。据估算,《现代汉语词典》里字和词的比例约为 1∶6,这个数字大致也就是语素和词之比。按照这个比数来说,汉语从语素到词扩大了五倍。所以,掌握语素和构词法,是以简驭繁,有效扩大词汇量的一个重要途径。

本位是一个系统或分系统的基本单位。赵元任(1975 /1992)

指出:"在中国人的观念中,'字'是中心主题,'词'则在许多不同的意义上都是辅助性的副题,节奏给汉语裁定了这一样式。"徐通锵(1998)指出,本位不在于单位是否最小,而在于它是音义的关联点,是母语者心目中"现成"的单位。徐通锵(1998:125)提出"字"是汉语的基本结构单位,是语音、语法、语义、语汇的交汇点。王洪君(2008)指出汉语语汇层与语音层关联的最小单位,在语汇层也是最小单位,语言学家称它作"语素",而非语言学家称它作"字"。称作"语素",着眼点是它在"最小的音义结合体"这一点上与英语的 morpheme 相同。称作"字",着眼点则是它是关联语汇、语音、文字三个层面的跨层单位,这与英语跨三层关联的 word 的情况相同。

对外汉语教学对于"词"这个单位历来十分重视,学界有一个典型的例子就是教了学生"鸡蛋"一词后,却不明白"鸡"为何物,因为有的学生是把"鸡蛋"作为一个词整体记忆的,欧美国家的学生把"鸡蛋"和 egg 等同起来,这也反映了"词本位"理论的思想和操练在对外汉语学界 20 世纪 70—90 年代是占主流的。

在现行的对外汉语教学语法体系中,"语素"或"字"一般不作为教学的基本单位。而对于语素在词汇习得中的作用,一直存在不同看法:一种观点是强调语素在复合词习得过程中的作用,提倡利用语素进行教学;另一种观点是强调整词的作用,不强调利用语素进行词汇教学。如李彤(2005)认为,在教学中严格区分"字""词""语素"的关系十分必要,否则就会使学习者在学习汉语的过程中只学习字形,认为汉语的词只是两个形体的拼合,不考虑语义内容。长此则达不到词语教学的目的。因此,我们认为还是取消"字本位"教学法概念比较好。相比之下,词本位的教学是一条可行的办法,因为人的言语交际的基本过程都是在词的基础上实现的,因此作为言语输入的语言教学也应该以词为单位来进行。词本位的教学理念没有错,只是在研究内容上还存在不足。

正因为如此，现在也有很多学者重视对外汉语教学中的"字本位"教学，"词本位"的教学理念受到挑战。白乐桑、张朋朋（1989）的《汉语语言文字启蒙》真正贯彻"以单个汉字为基础层层构词"。

王又民（1991）以数据库为基础，对现代汉语常用的3000词进行了词类、语素结合情况、构词方式、识词方式等方面的统计分析。提出"初级汉语词汇采用'单音词（汉字）——语法（构词法）——复合词'一体化方法"。

张凯（1997）以《现代汉语常用词表》（1988）和三部词典为基础，建立了3500常用字和次常用字字库以及由70743个词构成的词库，通过计算机对词库中汉字的构词等级、构词率、累计构词率、完全构词、累计完全构词等信息进行统计，将3500汉字划分为五个等级，确定汉语构词基本字，提出对外汉语教学词汇量的限度。

白乐桑（1997）认为："无论在语言学和教学理论方面，在教材的编写原则方面甚至在课程设置方面，不承认中国文字的特殊性以及不正确处理中国文字和语言所特有的关系，正是汉语教学危机的根源。"吕文华（1999）发表《建立语素教学的构想》，认为"语素教学的主要作用是可以大大提高学生学习词汇、掌握词汇以及正确应用词汇的能力……解决词语难的途径是建立语素教学……掌握一定数量的语素和构词法，就可以迅速扩大词汇量。"贾颖（2001）认为要先教基本词汇中的单音节词，汉字和复合词的教学要同时进行，认为以字为本位进行词汇教学，教给学生的是方法性的知识，因为字在汉语中以动态的方式存在，有限的字可以通过不同的组合构成不同的词。由于字在词中的意思基本不变，这样掌握了字与构词法，就能以简驭繁，迅速有效地扩大词汇量。

王若江（2000）、刘晓梅（2004）、王骏（2005）、李如龙、吴茗（2005）也都主张"字本位"。李如龙、吴茗（2005）指出："十几年来的对外汉语教学总是以语法教学为中心，把词作为最基本的教学单位，教材中只列词义不列字义，忽略了汉字与词的密切关系，结果学生看不清汉语词汇的规律，不知道汉语词汇跟汉字的密切关系，学习和记忆起词汇困难很大"。

"语素教学法"、"字本位教学法"等都试图抓住汉语的特质，抓住构词的最小单位——语素来进行汉语教学。

因为汉语单音节语素占大多数，而单音节语素又体现为"一个汉字，一个音节，一个意义"。在第二语言教学中贯彻"字本位"的思想，建立一个具体可操作的，从汉字出发、合理把握字词关系的词汇教学体系，从而体现词汇教学的全局观念。

肖贤彬（2002）认为"语素法"实际上应称为"语素扩展法"。在词汇教学中，除了讲练目标词语的词义（这常常可以依赖外语注释或翻译）和用法外，还要将词语中的语素（字）加以离析，然后以一定的义项为单位与其他已学或未学的词素再行组合，从而巩固所学词语（包括目标词语和已学词语）和扩大新词的学习范围。例如学到"服装"一词，该词本身的意义并不难懂，用法也不复杂，但"服装"是一个可以离析成两个极富构词能力的语素的并列式复合词，教师应该向学生讲清楚，在"服装"一词中，服＝装，并且请学生说出"有'服'和'装'两个字的词"，学生可以说出西装（西服）、时装、羽绒服、衣服、服装店、服装厂、服装公司等词。这时，教师可试着让学生猜下列词语：童装、男装、女装、老年装、工装和中山装。一般来说，由于学生明白了"服装"一词的语素构成及语素义，在猜测和学习新出现的词语时，成功率往往很高。如果学生的接受能力和课时允许的话，还可以由"服"字系联到"衣服"一词，提出"衣服"的构造和语素义，从而带出外衣、内衣、上衣（上装）、下衣、睡衣等词。

由于这些带"服"、"装"、"衣"语素的词成为一个小型语义场，学生容易识记。当然，那些一个字的单纯词也可以作为语素适当地加以系连，以扩大词汇学习范围，如"式"，可以系连出"中式、西式、洋式、老式（旧式）、法式面包、日式快餐、中式英语、港式中文"等词。这类单纯词不存在讲解构词法问题，利用起来更显得便利。但是，教师头脑中的"语素"概念必须是十分清楚的，而且要在课堂教学中加以体现。汉语词汇的这种特点在教学中的潜力应当充分地发掘出来。

我们也希望能通过"字"这个"音义关联"的符号，能在庞杂的词汇系统中起到一个很好的连接作用。比如有这样两则实例，我在教中级班学生的听力时，在体育运动中谈到了"决赛"这一生词，我认为不应该孤立地讲解这一生词，应把"决赛、半决赛（semifinal）、比赛、初赛、体操赛、篮球赛"等词聚在一起教给学生，这样学生以后碰到"排球赛、爬山赛、公开赛、田径赛、选拔赛、参赛、复赛"时，也能猜测词义，有助于对"x赛"合成词的理解。在教中高级班的听力时，出现了"钟表店"一词，教师引导学生"店"可以组成很多词，如"饭店、钟表店、手机店"等，学生仿照这个结构，当场造出"理发店"一词。本书所讲的二字词、三字词的构成和单字的音义有着密切的联系。

汉语的成语、惯用语、谚语、歇后语，在可能的情况下，追求字数的整齐、句式的对仗（或句内的对称）、声律的和谐，是它们的共同特征。特别是汉语中有成千上万条"由四字（四个音节）构成的成语，离开汉语"单音节语素（汉字）表义"这一特征，简直是不可想象的。这里附带说明，应当说，近几年"字本位"的研究对于认识汉语的特征是有积极意义的，可以说是有贡献的。①

词汇是无限的，汉字是有限的、稳定的。联通字词关系，突出字词的系统关联，是汉语词汇教学的一个核心问题。按照周有光先生的"汉字出现频率不平衡规律"，在汉语中使用频度最高的1000字，其覆盖率达90%以上，掌握了2400个常用汉字，其书面语的覆盖率可达到99%以上②。《汉语水平词汇与汉字等级大纲》把汉字教学量定为2905个，把词汇量定为8822个，字词关系比例大约为1:3。

用有限的汉字来记录无限的词汇，解决的办法是用已知的字排列组合成新词。汉字在记录单音词时，表达的是一个成词语素；在记录合成词时，表达的是一个构词语素，这充分体现出了汉字的独立性和灵活性，用王洪君（2007）的话来说，叫做"单音有义，双音定义"。

汉字对于非汉字文化圈的学生来说，是一个比较大的障碍。从客观方面来看，汉字确实存在许多难学的原因：字形上与拼音文字有很大差异；汉字相对于字母文字来说，数量多，结构复杂，笔画繁多，有一定的造字理据，但周遍性不强，还有繁体、简体的差异。

我们如果在汉语作为第二语言教学的字词关系中，重视"部件—字—词—句"各语言单元间的综合教学，帮助学生了解汉语语言体系的特点，体会汉语这种语序严格的孤立语中，加强字词教学，了解字与词的网络关系，体会词法和句法在结构上的一致性，从而帮助学生进一步理解和记忆中文词汇，认识汉语的特点，

---

① 参见苏宝荣：《语汇研究与汉语的民族特征》，《河北师范大学学报》（哲学社会科学版）2007年第6期。
② 转引自冯丽萍：《中级汉语水平留学生的词汇结构意识与阅读能力的培养》，载王建勤：《汉语作为第二语言的学习者与汉语认知研究》，商务印书馆2006年版，第82—93页。

提高学生综合运用的语言能力。如果对汉字在汉语教学中的地位、字与词的关系、字与词的网络系统等缺乏正确的认识，教学思路不明确，对汉语第二语言学习者的汉语认知、习得过程和学习策略认识不足，教学方法单调，就会引起汉字和汉语教学滞后。

"字"本位非常强调词的编码理据，这里与传统的句法结构角度来研究词法有所不同。从语法角度来研究词法，很多人都是持怀疑态度的。刘叔新（1990）主张，不少论著把复合词结构直接作为语法问题来分析或论述，这种分析法不能深入结构的实质。周荐（2003）也认为：由双字构成的复字单位，因其形制短小，字与字之间的关系很难全盘套用句法上的结构关系予以合理的解释。

如何贯彻"字本位"的思想？笔者认为对"字本位"的理论探讨应该贯彻到汉语作为第二语言的教学中去，"字本位"的思想应该朝着可操作性上去发展，这种操作宗旨是从汉字出发、合理把握字词关系的词汇教学体系，由字和词的教学扩展到整个词汇语义系统，建立第二语言教学词库，扩大学生的心理词库，从而体现词汇教学的全局观念。

本章参考文献

1. 白乐桑：《汉语教材中的文、语领土之争：是合并，还是自主，抑或分离？》，载《第五届国际汉语教学讨论会论文选》，北京大学出版社1997年版。

2. 白乐桑、张朋朋：《汉语语言文字启蒙》，华语教学出版社1989年版。

3. 北京语言学院语言教学研究所编：《现代汉语频率词典》，北京语言学院出版社1986年版。

4. 常敬宇：《汉语词汇的网络性与对外汉语词汇教学》，载《暨南大学华文学院学报》2003年第3期。

5. 陈保亚：《20世纪中国语言学方法论》，山东教育出版社1999年版。

6. 陈光磊：《汉语词法论》，学林出版社1994/2001年版。

7. 董秀芳：《汉语的词库与词法》，北京大学出版社2004年版。

8. 董秀芳：《汉语词缀的性质与汉语词法特点》，载《汉语学习》2005年第6期。

9. 冯丽萍：《词汇结构在中外汉语学习者合成词加工中的作用》，北京师范大学博士学位论文。

10. 冯敏萱、杨翠兰、陈小荷：《带后缀"者"的派生词识别》，载《语言文字应用》2006年第2期。

11. 富　丽：《现代汉语类词缀研究——兼论附缀字组的成词性及词库收词问题》，北京大学中文系硕士论文（未刊），2001年。

12. 高燕：《对外汉语词汇教学》，华东师范大学出版社2008年版，第36、42—46页。

13. 黄居仁：《〈资讯处理用中文分词规范〉设计理念及规范内容》，载《语言文字应用》1997年第1期，第92—100页。

14. 贾　颖：《字本位与对外汉语词汇教学》，载《汉语学习》2001年第4期。

15. 姜自霞：《基于义项的词素构词研究在现代汉语词典编纂中的应用——兼论在对外汉语学习词典编纂中的应用》，载郑定欧：《对外汉语学习词典学国际研讨会论文集》，香港城市大学出版社2005年版。

16. 李　彤：《近十年对外汉语词汇教学研究中的三大流派》，载《语言文字应用》2005年第3期。

17. 李如龙、吴茗：《略论对外汉语词汇教学的两个原则》，载《语言教学与研究》2005年第2期。

18. 李行健主编：《现代汉语规范词典》，外语教学与研究出版社、语文出版社 2004 年版。

19. 刘叔新：《复合词结构的词汇属性》，载《中国语文》1990 年第 4 期。

20. 刘源、谭强、沈旭坤：《信息处理用现代汉语分词规范及自动分词方法》，清华大学出版社 1994 年版。

21. 吕叔湘：《汉语语法分析问题》，商务印书馆 1997 年版。

22. 马庆株：《现代汉语词缀的性质、范围和分类》，载《著名中年语言学家自选集·马庆株卷》，安徽教育出版社 2002 年版。

23. 钱玉莲：《现代汉语词汇讲义》，北京大学出版社 2006 年版。

24. 邱立坤：《单音节名词释义模式与三音节复合名词的语义结构关系》，载《第九届全国计算语言学会议论文集》，清华大学出版社 2007 年版。

25. 苏新春等：《汉语词汇计量研究》，厦门大学出版社 2001 年版。

26. 孙茂松、李行健、王洪君、富丽等：《〈信息处理用词汇研究〉九五项目结题汇报》，载《语言文字应用》2001 年第 4 期。

27. 台湾中央研究院资讯科学研究所中文词知词库小组(1996)《"搜"文解字——中文词界研究与资讯用分词标准》（技术报告 96—01），未刊。

28. 汤廷池：《汉语的"字"、"词"、"语"与"语素"》，载《汉语词法句法三集》，台北：台湾学生书局 1992 年版。

29. 唐健雄：《现代汉语同素异序词语分析》，载《语文研究》2004 年第 2 期。

30. 王洪君：《从字和字组看词和短语——也谈汉语中词的划分标准》，载《中国语文》1994 第 2 期，第 36—47 页。

31. 王洪君：《汉语的韵律词和韵律短语》，载《中国语文》2000 年第 6 期，第 525—536 页。

32. 王洪君：《普通话中节律边界与节律模式、语法、语用的关联》，《语言学论丛》第 26 辑，商务印书馆 2002 年版。

33. 王洪君：《"字本位"与汉语二语教学》，载《汉语教学学刊》（第 3 辑），北京大学出版社 2007 年版。

34. 王洪君：《语言的层面与"字本位"的不同层面》，载《语言教学与研究》2008 年第 3 期。

35. 王洪君、富丽：《试论现代汉语的类词缀》，载《语言科学》2005 年第 5 期。

36. 王力：《汉语史稿》（下），中华书局 1980 年版。

37. 王若江：《由法国"字本位"汉语教材引发的思考》，载《世界汉语教学》2000 年第 3 期。

38. 王若江：《留学生成语偏误诱因分析——词典篇》，《暨南大学华文学院学报》2001 年第 3 期。

39. 王又民：《汉语常用词汇分析及词汇教学》，载《第六届国际汉语教学讨论会论文选》，北京大学出版社 1991 年版。

40. 吴赣：《现代汉语文章中后缀词语的动态归并》，北京工业大学硕士学位论文，1998 年。

41. 肖贤彬：《对外汉语词汇教学中"语素法"的几个问题》，载《汉语学习》2002 年第 6 期。

42. 邢红兵：《留学生偏误合成词的统计分析》，载宋柔主编：《对外汉语教学中的信息资源和信息管理》，北京大学出版社 2003 年版。

43. 邢红兵：《基于〈汉语水平词汇等级大纲〉的语素数据库建设》，载宋柔主编：《对外汉语教学中的信息资源和信息处理》，北京大学出版社 2008 年版。

44. 邢红兵：《〈（汉语水平）词汇等级大纲〉双音合成词语素统计分析》，载《世界汉语教学》2006 年第 3 期。

45. 徐通锵：《语言论——语义型语言的结构原理和研究方

法》,东北师范大学出版社1998年版,第125页。

46. 徐晓羽:《留学生复合词认知中的语素意识》,北京语言大学硕士学位论文,2004年。

47. 叶长荫:《同素反序词及其在对外汉语教学中的应用》,载《北方论丛》2001年第6期。

48. 叶蜚声、徐通锵著,王洪君、李娟修订:《语言学纲要》(修订版),北京大学出版社2010年版。

49. 于善志、张新红:《从独词句和否定句看标记与习得序列》,载《现代外语》1999年第4期。

50. 俞士汶:《现代汉语语法信息词典详解》(第二版),清华大学出版社2003年版。

51. 曾立英、朱学锋:《现代汉语词汇中能产性强的"构词要件"》,香港:第八届汉语词汇语意学研讨会,2007年。

52. 曾立英:《三字词中的类词缀》,载《语言文字应用》2008年第2期。

53. 张凯:《汉语构词基本字的统计分析》,载《语言教学与研究》1997年第1期。

54. 赵元任:《汉语口语语法》,吕叔湘译,商务印书馆1979年版。

55. 中国社会科学院语言研究所词典编辑室编:《现代汉语词典(汉英双语)》,外语教学与研究出版社2002年版。

56. 中国社会科学院语言研究所词典编辑室编:《现代汉语词典》(第5版),商务印书馆2005年版。

57. 周荐:《论词的构成、结构和地位》,载《中国语文》2003年第2期。

58. 张江丽:《词义与语素义之间的关系对词义猜测的影响》,载《语言教学与研究》2010年第3期。

59. 朱德熙:《语法讲义》,商务印书馆1982年版。

60. 朱亚军：《现代汉语词缀的性质及其分类研究》，载《汉语学习》2001年第2期。

61. 朱志平：《双音节复合词语素结合理据的分析及其在第二语言教学中的应用》，载《世界汉语教学》2006年第1期。

第四章 词语的释义

本章主要分析词语的释义,首先谈词义的特点和构成:词义具有概括性、模糊性和民族性等特性,词义也由词汇意义、语法意义、色彩意义等构成。词义具有组合关系和聚合关系,词语释义方法一方面要切合第二语言教学的实际,如"语言法和非语言法"的释义方法、"互动法"、"文化含义阐释法"的释义方法;另一方面要反映语言学的规律,如"语素释义法"实际上是"字本位"理论的一种体现,"语义系联法"中的同义词、反义词、多义词的关联反映了词义是一个联系的系统。

第一节 词义的特点和构成

一、词义的特点

词义具有概括性、模糊性和民族性等三种属性。概括是词义的一个重要特点,概括,这是对现实现象的分类,把有共同特点的现象归在一起,给予一个名称,使它和其他现象区别开来。如"菜"有"白菜、菠菜、油菜、芹菜、青菜、蔬菜"等,人们在概括出了"菜"的意义的同时,也舍弃了各种"菜"的具体的个别的特征,这就是词义的概括性。

汉语中有些词义反映的对象,具有什么特征很明确,但与其他对象的界限或某对象不同发展阶段的界限,是逐渐过渡的,这就是词义的模糊性。如:"中年"和"老年"之间的界限并不是很清楚,"我们现在就走吧!"和"我们现在都是年轻人"中的"现在"所指的时间长短也不一致。

每个民族都有自己的语言，都有为本民族社会共同约定俗成的词义，在词义形成和发展过程中，它的面貌往往要受到使用它的民族条件的制约，民族的文化素养、心理状态以及生活习俗等方面，都可以对词义产生影响。这就是词义的民族性。离开民族文化背景，有的词义难以理解，如学习者把"铁窗"理解为"用钢材做的窗户"、"窗的外面东西，用铁来做的"、"窗口的材料是铁材"、"地铁的窗户"。对于有特定文化意义的词语，我们应该引导学习者在汉文化的系统中体会词义所蕴含的民族特点和意义，唯有把握了汉文化特点的学习者才有可能真正学好汉语。

再如汉语的"龙、凤、龙袍、凤冠"等，可以说是汉语的"国俗词语"，应该给学生讲讲这些词语蕴含的文化内涵。再如《新三字经》里的"松竹梅，是三友，岁月寒，不分手。松有志，不倨傲，竹有节，不折腰。梅有香，不争俏，三结义，品自高"，字句虽然简单，但其中蕴含的文化含义却很深，中国人对于"松竹梅"的情节颇为浓厚，还有"三结义"的文化典故，都有历史故事。

"国俗词语"是一种语言中反映一个民族所特有的物质文化的词语，这是一种在独特的文化背景下产生的语言现象。如"采风"与"采光"的结构相同，但"采光"是建筑学术语，是"使室内采到适宜的光线"的意思，而"采风"就具有文化意义，和中国第一部诗歌总集——《诗经》的"风、雅、颂"联系起来，现在指"采集民间歌谣的活动"。像"青史"、"鲤鱼"、"红娘"等词，都有典故或民族特色。适当地鼓励外国学生在课内外使用国俗词语，也是让他们迅速融入目的语社会，获得操母语者文化心理认同从而获得学习成就感的一个有效途径。

儒家思想在中国影响很深，"修身齐家治国平天下"的思想，在四个音节的成语里常用，如"家和万事兴"、"家财万贯"、"家常便饭"等，孔子所提倡的"礼"体现在"君臣、父子、朋友、夫妻、长幼"上,像"父子、夫妻、长幼"又体现在家庭成员上,儿子对父母亲的爱可以称之为"孝",父母亲对儿子的爱可以称之为"慈","慈"在汉语里生成了很多词和习语,如"慈爱、慈祥、慈父、慈母、慈悲为怀、慈善事业"等。

马清华(2008)认为《汉语水平词汇与汉字等级大纲》没有外国人极感兴趣且在主动宣传的中国国粹"武术、太极拳"等,没有反映中国特色宗教的相关词汇"道教、道士、道观"等,也没有反映中国特色习俗的相关词汇"干爸/干爹、干妈/干娘、干儿子、干女儿"等,是一个缺陷。

二、词义的构成

词义的内容一般由词汇意义、语法意义、色彩意义三个部分构成。

词汇意义是人们对现实现象的反映以及由此带来的人们对现实现象的主观评价,也称概念意义。如"书"和"书籍"词汇意义就有区别,"书"是"装订成册的著作","书籍"是书的总称。词的词汇意义包括人们对现实现象的反映以及由此带来的人们对现实现象的主观评价。如:"人、上帝、天堂、鬼"等词的词义也是有现实根据的,人们对现实现象的反映虽然以"被摹写的东西的客观实在性为前提",但不是简单的、直接的、照镜子那样死板的过程,而是复杂的、曲折的,有时带有幻想的成分。

语法意义是词表示语法特点和语法作用的意义。"书"和"书籍"除了词汇意义有区别外,语法意义也有不同。"书籍"是抽象名词,不可数。"书"是可数名词也是动词,"书"做名词时,可做主语、宾语。"书"还是个语素,有构词能力,"书籍"没有组词能力。

不涉及人的主观态度的对现实现象的反映是词的理性意义。对于同样的现实现象,人们的主观态度可以不同,这就给词义加上了一层附加色彩。如"节约、抠";"领袖、头子";"牺牲、完蛋"等词附加的色彩意义不同。

色彩意义是词所表示的某种倾向或情调的意义。色彩意义包括感情色彩、形象色彩、语体风格色彩、时代色彩、外来色彩、地方色彩、民族色彩等。

感情色彩主要指褒贬色彩。带有赞扬、肯定、褒扬色彩的词叫褒义词;带有厌恶、否定、贬斥等色彩的词叫贬义词。在两者之间还有中性词。如"成果"表达的是褒义的感情色彩,"后果"表达的是贬义的感情色彩,"结果"表达的是中性的感情色彩。

另外,"鸡冠花、连环画、红艳艳"具有形象色彩,"祖母"和"奶奶"语体风格色彩不同,"红卫兵"具有时代色彩,"浪漫"一词具有外来色彩,"胡同"具有地方色彩,"丝"具有民族色彩。

第二节 词义的聚合和组合

组合关系和聚合关系是语言学中的两条纲,当符号组合表达意义时,符号和符号之间的结构关系为组合关系。在组合链条上能互相替换的符号,具有某种相同的功能,它们之间的关系是聚合关系。

词义也具有组合关系和聚合关系,词义的聚合主要体现在单义和多义、同义词、反义词、上下位义、语义场等,词义的组合主要是通过词语的搭配来实现的。

一、单义和多义

科学术语是单义的。词在刚产生之初是单义的,在使用中往往会变成多义的。一词多义符合经济原则。如"打"作为动词时,《现代汉语词典》(第5版)设立了24条义项。所谓多义词就是一个语音形式具有多个有联系的义项的词。

多义词的意义有本义、派生义和中心意义之别。"本义"是有历史可查的最初的意义，如"兵"的本义是"武器"，如成语"短兵相接"中的"兵"即是该义。"派生义"是由本义衍生出来的意义，如"青"除了指颜色外，还指"青草或没有成熟的庄稼"，还比喻"年轻"。词义派生的途径就是引申，引申大体可通过比喻和换喻来实现。比喻的基础是现实现象的相似性，换喻的基础是现实现象的相关性。中心意义是在一个时代最常用的意义，中心意义有时和本义一致，有时和本义不一致。如"兵"一般人首先想到的是"兵士"的意义，语言学中把这种意义叫做中心意义。

词的本义，是从历史渊源来说的，中心意义是就多义词在某个时代的各个意义的关系说的。了解词的本义可以帮助解释词义，如学生问为什么说"虎口、鸟嘴"，而不说"鸟口、虎嘴"，"口"本义是"孔洞"，而"嘴"本义是"鸟嘴"，"嘴"的词源义是"小"，这样解释这两个词的来历。

我们应该注意多义词和同音词的区别。多义词的各个义项之间有联系，而同音词的各个义项之间没有联系。比如"玫瑰花"与"花钱"，两个"花"词义之间没有联系，所以是同音词。再如"买米"的"米"和"1米6"中的"米"，一个是"食物"，一个是音译词，表计量单位，所以是同音词。如"好"在《现代汉语规范词典》中有多个义项，如：

1 文章好——美，优点多的
2 好朋友/刚吵完又好了——友爱，和睦
3 衣服做好了——完成
4 病好了/身体好了——康复，健康
5 好漂亮——真
6 好吧——可以
7 好办——容易

8 吃饱了好赶路——以便
9 好看——用在某些动词前，表示效果好
10 叫好儿——指赞扬的话或问候的话（口语中常儿化）

二、同义词

同义词指声音不同，意义相同或相近的词。其中意义完全相同的叫等义词，如"土豆、马铃薯"，"维他命、维生素"是等义词。等义词往往是语言借用的结果，借自方言和外语的词与本土的词形成等义词。等义词在长期的使用中或者意义产生分化，或者其中一个被淘汰。如"电话"和"德律风"，音译词"德律风"就被淘汰了。

一般所说的同义词指的是意义相近的词。同义词在汉语中大量存在，如何辨析同义词是多数语言教师每天都必须面对的。

同义词的辨析应从词义概念、感情色彩、语体意义等方面入手。同义词的"词义概念"，是有词义轻重、范围大小、褒贬色彩及语义具体抽象等差别的。如"盼望"比"希望"的程度要重；"生命"比"性命"词义要广，"性命"只能指"人"，而"生命"则可指一切生物；"人"和"人们"则是个体与群体的区别。"鼓动"与"煽动"的意思相近，但"鼓动"是中性词，"煽动"是贬义词。"祖母"和"奶奶"、"虽然"和"虽说"、"擅长"和"拿手"等同义词有语体的区别，有书面语和口语之别。

郭志良（1988）指出："对外汉语教学同义辨析对象的范围不仅大于同义词典词义辨析对象的范围，也大于汉语教学词义辨析对象的范围。"这里的"汉语教学"指对中国学生的语文教学，郭先生的看法是，语言研究者确定同义词的标准连用于中国学生的语文教学都显得过于严格，更不要说对留学生的教学了，对外汉语教学中的同义词范围要大得多。李绍林（2004）认为，对外汉语教学的同义范围大到什么程度，也难以确定，因为不管是研究同义词还是编同义词词典，都是由研究者、编写者按照一定的标准筛选同义词，本人有主动性，在对外汉语教学中，只有部分同义词是由教师提出来的，而更多的同义词是由留学生提出来的。不管是同义词还是准同义词，甚至不是同义词，留学生觉得混淆了，区分不开，他就认为是同义词，就要求老师解释。张博（2007）指出："二语学习者还会受母语词汇知识的影响而混淆某些形音义都非常疏离的汉语词。有鉴于此，对外汉语教学中的词语辨析应当放弃'同义''近义'这类汉语本体研究提供的标尺，真正转换视角，基于中介语词语混用的现实进行词语辨析，所辨析的对象就是'易混淆词'（confusable words）。"

比如"本人"和"亲自"这两个词，以汉语为母语的人一般不会把它们当作同义词，而留学生却感到疑惑，为什么难以理解？是因为留学生学了"本人"后，知道是指"自己"，而"自己"又和"亲自"有联系，所以留学生会问"本人"和"亲自"的区别。教师可以解释"本人"经常做主语、宾语，常放在句子开头，是人称代词，而"亲自"是副词，常放在动词前面。以汉语为母语的人不会把这两个词弄混，而留学生由于意义的影响而常常将两者混淆。

对外汉语教学的同义词的范围比较广，比如英文注释相同的汉语词，在留学生看来，可能是同义词，如"搬"和"动"都有"to move"义，"穿"和"戴"都有 to wear 义，"主意"和"意见"都有"idea"义，等等，像这些同义词，学生容易出现偏误。解决此类问题，可以建立对外汉语同义词词库，搜集学生的偏误信息，分析学生偏误产生的原因和根源。

笔者对《汉语水平考试词汇与汉字等级大纲》中的甲级词和乙级词中英文注释相同的词进行了抽取，已抽出 44 个同义词，列成 19 组，摘录如下：

(1)主意、意见。(2)应该、该。(3)作用、影响。(4)使用、用。(5)再、又。(6)咱、咱们、我们。(7)祝、祝贺。(8)装、运、搬。(9)词、字。(10)做、作。(11)失败、败。(12)帮、帮忙。(13)薄、细、瘦。(14)保、保护。(15)宝贵、珍贵。(16)报到、报道(报导)、报告、报、报纸。(17)北部、北方。(18)城、城市。(19)得、得到。

这19组同义词，大都有相同的英文注释，由此可以透视我们在词语的释义中不能仅仅根据中英文翻译来进行，这种释义过于简单。词与词的辨析要从概念意义、句法表现、语体色彩、母语解释等多方面进行探讨。比如"再"和"又"，表示"重复"的意思时，英文都有"again"的意思。"再"可以说"再来"，"又"不可以说"又来"，说明"再"用于"未完成体"，"又"用于"完成体"。"祝"和"祝贺"也有类似的情况，"祝"可以说"祝你取得好成绩"，是"你"还没有取得好成绩，预祝的事情还没有发生；而"祝贺"是在对方取得成功或有喜事时，向对方表示庆祝，如"祝贺你取得了好成绩"。这种同义词的辨析是从动词或句子的"时、体"上来分析的，和句法表现有关。

同义词可组成"同义关系网络"，例如：

a. 静、安静、宁静、寂静、幽静、肃静、清静、平静、僻静、沉静、冷静、静穆、恬静、静谧、冷清、安谧、镇静、心静、悄然、悄悄、寂然、冷寂、幽寂、静谧、静悄悄、冷清清、悄然无声、悄无声息、夜深人静、夜阑人静、万籁无声、鸦雀无声……

由以上这些词语可以构成一个以"静"为核心的同义关系网络。

b. 商谈、商量、商洽、商议、商酌、商榷、商讨、商定、商计、协商、面商、相商、磋商、洽谈、会谈、面洽、核计、共商、谈判、议事、讨论、研讨、研究、切磋……

由以上词语可构成一个以"商谈"为中心的同义关系网络。"同义关系网络"有助于学生将词语和词语联系起来，深入了解词语的用法，扩展学生的词汇量。

三、反义词

反义词是人类各种语言中普遍存在的一种词语类聚。在语言使用者的通常语感中，反义词彼此依存，相反相对，具有高度的对应性。因此，第二语言学习者在目的语理解和使用中，往往会利用反义关系进行由正及反或由反及正的类推。

反义词意义相反或相对，概括反映的是同类现象中的两个对立的方面。如"长"和"短"都属于长度度量的范围，"白"与"黑"同属颜色，但它们意义相反。

反义词有绝对反义词和相对反义词之分。绝对反义词是建立在矛盾关系的基础上，不存在中间状态的反义词。比如"生、死"是绝对反义词；"冷、热"、"买、卖"允许有中间状态，是相对反义词。

外国学生在汉语理解和使用中会导致反义词的使用错误，如犯"每一个人都有优点而差点"之类的错误，"差点"是指缺点，是学生自己生造的词。

同义和反义中的"同"和"反"是对立的统一。反义词必须以共同的意义领域为前提，没有"同"就无所谓"反"。同义词中也往往包含着反义的因素，在大同中有小异。

四、语义场和义素分析

（一）语义场

凡是具有相同的语义特征，在词义上处于相互联系、相互制约关系中的一群词聚合在一起形成一个语义聚合体，这就是语义场（semantic field）。语言学把语义之间的关系也看成一个一个的场，处于同一个语义场中的词义互相联系、互相制约。词义的分析和描写也在语义场中进行，语义场实际上是词义的一种类聚。语义场可以分为不同的类型，常见的如：

上下位义场：动物、狗、哈巴狗；水果、苹果、国光苹果

顺序义场：元帅—上将—中将—少将—上校
关系义场：丈夫—妻子；教师—学生
同义义场：老婆、媳妇、妻子、爱人
反义义场：死—活

我国在两千多年前就流行于世的《尔雅》是一部重要的语汇学典籍，它是根据上下位概念的关系来编纂的。根据语言学中的上、下位概念关系可以形成许多大小语义场，把那些属于上下位概念的结构单位依次列入语义场，使数量庞杂的字或词进入系统的轨道，从而把语义研究纳入一个系统。语义场是有层次的，比如亲属关系语义场：

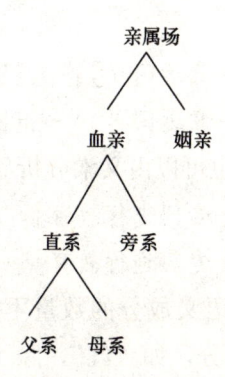

```
              亲属场
             /      \
          血亲       姻亲
         /    \
      直系    旁系
      /  \
    父系  母系
```

语义场的层次性反映了外部世界各种事物在人的大脑中的反映是有层次的，也就是说，语言中的语义是一个有层次的网络体系。语义场是我们对词义进行分析的基础。

(二) 义素分析法

义素分析法是对语音学中区别特征的借鉴，将语义分解成更小的成分。义素是最小的语义单位，是对词的义项进行分析后提取出来的带有区别性特征的语义单位，是一个词区别于其他词的本质属性。如对"男人、女人、男孩、女孩"可进行下列义素分析：

男人［人］［男性］［成年］

女人［人］［女性］［成年］
男孩［人］［男性］［未成年］
女孩［人］［女性］［未成年］

还可以采用正负值使描写进一步简化，如"女人：［＋人、－男性、＋成年］"等。义素分析法是现代语义学所使用的一种深入到词的内部分析词的理性意义构成的方法，通过对不同词（词群）的一组义位的比较，找出它们所包含的共同义素和区别义素。

义素的分析离不开语义场，而语义场实际上是具有共同义素的义位形成的集合。义素分析法在第二语言教学中具有积极的意义，可以有效地说明词义的聚合或组合关系。如义素分析可以清楚地显示同义关系，如：

边疆：［＋国土］［＋靠近国界］［＋范围大］
边境：［＋国土］［＋靠近国界］［－范围大］

词的上下位义关系也可以由义素分析显示出来，如：

学校：［＋机构］［＋专门进行教育］
大学：［＋机构］［＋专门进行教育］［＋高等］

义素分析的缺陷是语义成分的数量不定。有些词的词义很难分解成合适的更小的成分，如"红"，除了分解为"颜色"之外，很难再分解出其他成分。

五、词义的组合

词义的组合是通过词语的搭配（组合）来实现的。词义的组合是从一般回到特殊，从简单回到复杂，组合中的词义往往会增添词汇中的词所缺少的特征。比如"人"是"能制造工具并使用工具进行劳动的高等动物，如男～｜女～｜～们｜～类"，但是"人"在词语的组合中还产生了很多和这个意义相关但又不同的意义，如：

(1) 长大成人。（指成年人）

(2) 人云亦云｜待人诚恳。(别人)

(3) 丢人｜这个同志人很好｜他人老实。(指人的品质、性格或名誉)

(4) 这两天人不大舒服｜送到医院人已经昏迷过去了。(指人的身体或意识)

从总体上看，供本族语者使用的汉语同义/近义词词典偏重词义的辨析，略于词语用法的辨析。但由于没有解释词语特定组合关系的压力，对词义的辨析往往难以深入。相比较而言，对外汉语学习词典因注重第二语言学习者的语言生成，故略于词义辨析，偏重词语用法的辨析。这类词典或广列词语搭配实例，以使学习者通过大量语例体会和掌握词的用法；或用表格的形式，在可搭配项下画√，不可搭配项下画×，直观地显示词语用法的异同。[①]贯通词语意义和组合关系非常重要。

如在教留学生"养"这个动词时，提示学生"养"后搭配的对象是有生命的动物，学生会说出"养猫、养狗、养鸟"等短语，还有一个中亚的留学生说出"养女人"这样的词语，"猫、狗、鸟、女人"这几个词有一个共同的义素，即他们都是"有生命的"，学生创造性地说出"养女人"，也是对"女人"这种"附属地位"意义的激活，甚至由此可以解释"小女人、大男人"的区别。从认知心理学上讲，一个词语真正被掌握，必须在记忆的存储系统中成为词语语义网络中的一个节点，它的各个义项都能分别同其他有关概念、语义联系起来，这样才能在语言使用中互相激活语义、提取意义。

词语的搭配一方面受到语法规则的支配，例如组合模式在词性方面有严格要求，如汉语中"动+名"组合、"名+形"组合都

[①] 引自张博：《汉语中介语易混淆词研究》，载《基于中介语语料库的汉语词汇专题研究》，北京大学出版社 2008 年版，第 28 页。

是和语法规则相联系的，另一方面词义的组合也受到词义条件的限制。如"喝"，可组合成"喝水、喝汤、喝粥、喝酒"等，这里"喝"的对象是"液体食物"，却不能组合成"喝馒头、喝烟"等。如"生产"和"产生"同为动词，但"生产"的宾语多是具体名词，"产生"的宾语多是抽象名词。词语的搭配还要考虑社会的使用习惯，即所谓"惯用法"。如"实力"和"空虚"相配，"内容"和"空洞"相配。

比如"多发"一词，学生不明白该词怎么用，可列举出该词的搭配，如"感冒是春季的多发病"、"多发季节"、"日本是地震多发之国"等，归纳"多发"搭配的常用格式为"多发＋名词"，是经常发生的意思。

词义的正确组合除了受词语语义、语法特征的制约外，还应遵循词语语用的规律。据苏英霞（2004）研究，从对部分教材"词语例释"的考察来看，关于词语语用特征的介绍可以说是最欠缺的。词语的语用特征包括很多方面，如在实际交际中的语用前提、语用目的、表达重点、表达功能、语境及适用的语体等。比如有不少学生将"再说"与"而且"画等号，在能够"连接两个分句，把意思推进一层"这一点来看，这两个词确有共同之处，但"再说"句通常不是用来叙事，而是用来说明原因或理由的，"而且"句则既可用来说明原因或理由，也可用来叙事。如导游向客人介绍某个旅游景点时，可以说"那儿有山有水，而且交通也很方便"，不说"那儿有山有水，再说交通也很方便"。使用"再说"时，在叙述体中，完整的语段应包括由"再说"连接的表示原因的小句和表示结论的小句两大部分，即：……A（原因）……，再说，……B（原因）……，……C（结论）……一般来说，如上文中没有出现需要作出解释或说明的问题，说话人在只说出"那儿有山有水，再说交通也很方便"之后即终止言语行为，受话人会认为说话人尚未把话说完。

第三节 词语释义方法

词汇教学的重要环节是释义，而释义要求遵循一定的原则。释义的方法多种多样，虽然可以"综合"运用，但综合运用绝非毫无目的地乱用，使用不同方法时必须考虑到释义的原则、教学的目的、教师自身的条件、教学对象的情况等。

一、词语释义的原则

（一）理据原则

所谓理据原则，就是要尽可能地使学习者不仅明白词语的意义，而且明白词语为什么要表示这个意义。词义是多个语义要素作用的结果，理据作为语素结合的动因在词义中起着联结各个语义要素的作用，因此，分析理据也就有助于教学中把词义解释清楚。对词汇学习而言，通过造词、构词、义素、理据以及构形分析可以了解词语的由来和创造组合特点，经过这样的分析过程，词义会比较清晰地显现出来。

据朱志平（2006）测查的 3251 个常用双音词中，理据清晰的有 1960 个，不清晰的 1291 个，分别占总数的 60％和 40％左右；与此相关的是，在这些双音词中难易梯度属于"不难"的有 2251 个，"较难"的 1000 个，分别占总数的 69％和 31％左右。从这两组数据不难发现，"清晰"与"不难"，"不清晰"与"较难"之间的一致性。从第二语言习得的角度讲，必要时让学习者"知其所以然"不但符合汉语特点，也符合成人第二语言习得规律。

（二）简明原则

解释词语时力求语言浅显易懂，避免学习者不懂解释语，教师使用的语句要简短，避免复杂的句子结构，同时教师应选用精当、生动的例句显示词语的意义及其用法。据吴勇毅(2004)的研究,用定义法与转述法解释词语的意义最重要的是,教师的语言一定要浅显,要用学生能听得懂的话。如果说考虑到学生的接受能力,在学习时给他的难度公式是"难度=学生现有水平+1",那么考虑到学生的接受能力,教师在解释词语时的难度公式是"难度=学生现有水平-1"。

长期使用简化了的语言教学会不会对学生产生副作用,回答是肯定的,教师的语言也不能过于简单和课堂化(语域范围很窄)。从教师的角度看,要解决这个问题,要依赖教师对学生状况的三个了解:(1)教师对学生现有词汇量的了解;(2)教师对学生现有语法结构的了解;(3)教师对学生文化背景的了解。

(三)用法原则

词语的用法说明和展示应包括词性、语体色彩、习惯搭配、语用条件、偏误预警等。

二、词语释义方法

吕必松1999年在《对外汉语教学概论(讲义)》中提到了6种词义解释的方法:(1)用实物或图片解释;(2)用同义词或反义词解释;(3)用语素义进行解释;(4)类比;(5)叙述情境;(6)用学生已经掌握的语言解释。吕先生释义方法至今大多数仍比较适用,还有很多学者都对释义方法做出了归纳性分析和总结,如吴勇毅(2004)、钱玉莲(2006)、高燕(2008)、王汉卫(2009)等。

词语的释义方法从不同角度可以得到不同的类别,不同方法的选择要根据不同的词语和教学对象而定。

(一)语言法和非语言法

非语言法是指借用实物、模型、图画、动作、表情等语言外手段解释词语的方法。有:

实物法，即用实物、图画、模型等工具来解释词语意义的方法。演示法，包括多媒体等音像的演示和教师动作、手势、表情的演示等。

用动作（包括身段）、手势、表情来解释词语可以用在很多方面，比如教师在解释"拉、推、拖、提、放、端、举、抬、扛、背、抱"等动词时，用动作、手势来解释或辅助解释效果比较好。这种解释方法符合"全身反应法（Total Physical Response）"精神，因为从操练的角度看，"全身反应法"在入门阶段就是以祈使句打头，让学生跟着教师的命令用各种动作作出反应。

吕必松在《对外汉语教学概论（讲义）》[1]中提到了"用实物或图片解释"，其好处是简单明了，可以加快声音和概念的直接联系，如"钥匙"、"项链"等，可用实物或图片来解释。

和非语言手段相对的就是语言手段，这是一种常规的普遍使用的手段。比如解释"爷爷"、"后天"，可采取定义法，"爷爷"就是"爸爸的爸爸"，"后天"是"明天的明天"。

（二）媒介语释义法、混合释义法、目的语释义法

语言手段的解释还可从是否使用学习者的母语来进行分类，释义模式不外三种：

（1）媒介语释义法（单、多语种外文翻译），主要用于初中级阶段水平的学生；

（2）混合释义法（汉外混合解释），主要用于中高级阶段水平的学生；

（3）目的语释义法（汉语解释），主要用于高级阶段水平的学生。

前两种释义模式是翻译法的体现。不同语言之间总会有一些

---

[1] 内部资料，国家教委对外汉语教师资格审查委员会办公室编，1999年，第153页。

对应词语，比如"艾滋病、电视、浪漫、幽默"。可以面向说英语国家的学生采取翻译法，因为这些词都是音译词。但是，翻译法也有弊端，因为在跨语言的对比中，并非所有的对应词语都完全等值。如欧美籍学生说出"田野里种了很多米饭"的错句，原因是"rice"对应汉语的"饭、米"和"稻谷"。

胡明扬（1997）谈到了语汇教学中对译出现的问题及解决方法。问题在于一张"一对一"或"一对多"的生词表成了多年来语汇教学的唯一模式，而且深入人心，在学生和部分教师的心目中形成了不同语言词语之间存在着简单的对应关系的观点。这种观点不仅不符合事实，而且对语汇教学贻害无穷。事实上，不同语言语汇单位之间，除了专有名词和单义的术语以外，基本上不存在简单的对应关系，更不可能是一种"一对一"的关系，而只有一种极其复杂的交叉关系，也就是只是在某些情况下可以互相对译，在其他情况下根本不能对译，而即使在可以对译的情况下，也可能在附加色彩和文化内涵上有不同程度的差异。

在教学中词语的对译不可能像详解词典的注释那样详尽，但是应该一开头就让学生明白两种不同语言的语词之间不存在一对一的关系，绝大多数的语词不止一种意义，而且不同语言的语词的语义范围可以很不相同。碰到两种语言在语义或用法上有较大差别的语词应该适当讲解，讲清楚语词的特点，防止母语的干扰。

胡明扬提出了几点解决对译问题的意见，他提出在初级阶段还可以使用现在通行的"一对一"或"一对多"的新词语表，不过，（1）如果课文中出现的不是有关词语的主要意义，在新词语表中应该补出主要意义，而且应该列在第一位；（2）如果对译方式不能反映不同语言有关语词在语义上的差异，而又不太复杂，可以用夹注方式来说明，如：

饭 cooked rice or other food (a general term for meals)

中级阶段的新词语表应该和初级阶段的新词语表有所不同，

对一些跟学生的母语有明显差异的词语，除了加注对译词以外，应该尽可能增加现代汉语原文词典的释义内容，因为这才是有关词语的"原义"。教师在讲解时还必须举例，没有能说明问题的好例子，再详尽的注释也很难说明全部问题。这样做的另一个目的是为在高级阶段学生自己使用汉语原文词典打下基础。在高级阶段似乎可以不再列新词语表，而应该要求学生使用词典，最好是使用汉语原文词典。

（三）单动法和互动法

这是从教学对象的参与程度所做的分类，包括：

（1）单动法，就是教师讲解，学习者接受的方法，这也是一种常用的方法，尤其是对一些简单的词语是比较适用的，如"教室、老师、汉语"等。

（2）互动法是指教师采用积极有效的启发和引导，鼓励学习者参与，由学习者自己发现并总结规律的方法，从过程上可以分为学习者猜测和教师归纳两个步骤。互动法的积极意义在于不仅发挥了学习者的能动性，使他们自觉地寻求词语的意义并牢固地记忆，而且培养了他们良好的自学词语的意识和能力。如教"发展"一词时，可说一下我们学校这几年的招生情况，如"2006年500名学生，2007年700名，2008年900名，2009年1000名，今年已经1200名学生了"，然后启发学生用"发展"一词造句。

（四）语素释义法

所谓语素释义法，是指用语素义进行解释，注重构词理据。汉语的合成词在意义上跟构词成分有一定联系，因此，用语素义解释合成词的词义可以帮助学生更好地理解和记忆。例如学了"甭说"之后，就可以理解"甭"和"听"组合成的"甭听"、"甭理"、"甭闹"等词语，同样道理，告诉了学生"白吃"中的"白"是"免费的、不要钱的"含义后，接着解释"白吃、白用、白拿"就可以类比了。在教合成词的时候，最好同时解释其中的语素，如学生学了"读、作、记、者"之后，就会懂得"读者、作者、记者"的意思。

有很多合成词的意义可以通过构成该词的语素义推导出来。据苑春法、黄昌宁（1998）的定量统计，在汉语语素数据库中，由语素构成的二字词共计有43097个，其中名词有22016个，占51.1%，动词有15666个，占36.4%；形容词有3276个，占7.6%；三类词合起来占总二字词的95%。不管是名词、动词还是形容词，"二字词的意义是两个语素意义的组合"的占绝大部分。也就是说语素在构词时，一般总是保持原来的意义不变，这也是语素的一个特点。教师可利用这个特点，用语素义解释词义，最好结合汉语的构词法，即说明语素和语素之间的各种不同的语义关系，以使学生在运用时能举一反三。

语素是构成词的要素，充分利用语素和构词法教授词语可以起到很好的效果。在初级阶段，学习了"营业员"一词，可适当补充与之相关的几个甲级词或所含语素不难的部分乙级词以及相关词语，如"营业时间、营业范围、运动员、服务员、售票员、管理员、演员"，并指出"员"是"做某种工作的人"。

前面介绍过词语释义的理据，这里说明理据的清晰度可以较为直接地反映语义的难易程度，理据在教学中可以作为直接判断语义难易程度的一个窗口。我们因此可以根据理据是否清晰来决定某个词语在教学中是否需要作为重点加以解释。

比如"华人"、"华侨"中，"华"是非自由语素，由于"人"是自由语素，所以"华人"的理据比"华侨"清晰，此时辨析应当先从"华侨"入手。"侨"指客居异地的人，"华侨"是客居在其他国家的中国人，既然是"客居"就必然还保留着中国的国籍。讲清楚了"华侨"的理据，"华侨"在词义上也就自然跟"华人"分开了。

在教学中，还应关注语素的多义性，注意多义语素在不同复合词中意义的灵活性和多变性。据张江丽（2010）对 40 名中级水平的汉语第二语言学习者的调查，发现学习者对"同情"一词有如下解释："同时的情况"、"一样的情况"。对于有多个义位的多义语素"同"和"情"，学习者尚不能正确选择合适的义位来解释，教师可采取多种方法帮助学习者掌握多义语素。

汉字承载了几千年的文化，现代汉语中有些复合词和组成复合词的语素还保留造字的本义或上古时代的常用义，用现代汉语的意义来理解这些词和语素的意义就会产生隔膜，这就需要我们区分语素意义的历史层次，只有这样才能准确把握古汉语遗留的语素义和词义在现代汉语中的意义。

（五）语义系联法

语义系联法就是通过词语语义之间的联系来进行解释的方法，具体包括同义法、反义法、多义法、上下义法以及"部分－整体"释义法等。

认知心理学认为学习是一个循序渐进的过程，学习者的语言习得从一个形式一个意义开始，在同一个形式的基础上逐渐加入多义项（相同的形式不同的意义，多义词），或在同一个意义的基础上逐渐学习不同的形式（相同的意义不同的形式，同义词）。这样的教学方式帮助学生把要学的新内容有机地建立在学习者已知的基础上，或是在意义上或是功能上建立连接性，学习就变得容易且有意义了。[①]

多义法就是利用一个词多个义项之间的衍生关系进行词义说明的教学方法。多义词在不同的课文中有时会以多个义项的身份出现，词在这篇课文中以这个义项的身份出现，下次可能以另一个义项的身份出现，对于学生来说，每次义项与这个词的形式的

[①] 转引自温晓虹：《汉语作为外语的习得研究——理论基础与课堂实践》，北京大学出版社 2008 年版，第 241 页。

联系，都是一次新的联系，都需要重新学习，虽不是生字，但都是生词，都应该加以解释说明。如《初级汉语课本》中的"走"作为生词出现在第29课，课文中的句子是"下车以后是不是往南走？"这里用的是"人脚交互向前移动"的意义。紧接着的第30课也出现了"走"的用例："明天就要走了？怎么这么快？我明天送你。"这里的"走"是"离开"义。对于初学汉语的学生，这个新的意义，应给予解释。再如"火"，学生先接触"物体燃烧时发出的光和焰"这一义项，然后才接触"火"的另一个义项——"比喻热烈、兴旺"，如"他们的生意很火"。

多义词的习得情况不仅仅代表学习者词汇学习的数量，同时也关系到词汇学习的质量。因为多义词的各个义项在语义上互有关联，多义词的学习过程实际上就是对目的语词义系统理解和掌握的过程（李慧、李华等2007）。外国学生在多义词的使用中也容易出现错误，如：

(1) 他们聊天，打国际象棋，或一起看电视。

(2) 我跟她说了"你怎么能轻易地忘掉约会呢？我再也不看你了"

例（1）中"打国际象棋"应为"下国际象棋"，造成偏误的原因是"打"在"做某种游戏"这个义项上，常常对译为英语中的"play"，但在英语中"play"的搭配范围更为广泛，可以与"basketball，football，tennis"等表示球类运动的词搭配，还可以与"piano，vionin"等表示乐器的词和"chess"等表示棋类的词搭配。例（2）是把"见"误用为"看"，混淆的是"看"的第一个义项，表示"目光接触"，应该用"见"表示"见面"义。

同义法是建立在词与词或词与语同义的基础上的，其中主要是针对词与词之间的同义关系采用的方法。同义法的实施中，教师可从已学过的内容入手，引导启发学习者，帮助他们认识到已知和新学的内容之间的有机联系，把对新内容的学习建立在已知的基础上。随着学习者语言经验的积累和语言水平的提高,把已学的内容加以比较、推理、归纳,使之成为学习者自己语言系统的一部分,并根据不同的语境、交际的需要来学习。

反义法是用反义词来解释的一种词义解释方法,比如当我们需要解释"背地"时,可用"不当面"来加以解释,解释"软件"一词时,可拓展"硬件"一词,反义法的运用,便于学生接受、理解,有利于词汇量的扩大。

上下义法就是通过具体列举下义词来解释上义词意义或通过上义词解释下义词的方法。例如在解释"首饰"时,我们可以列举出常见的首饰名称,如"项链、耳环、戒指"等,告诉学习者这些都是"首饰"。

"部分—整体"释义法是词义系统中的一种聚合,如果一组词表示的是事物的整体和组成部分之间的关系,那么这样的一组词被称为"部分—整体"关系词。如"手"包括"拇指、食指、中指、无名指、小指、手心、手掌、手背"等。

面对一个生词,利用学生学过的同义词进行解释,可以淡化学习者的陌生感,温故而知新。怎么教给学生辨析同义词的意义和方法,是一个很重要的教学内容。同义词的教学在汉语作为第二语言的教学中,是教学难点,下面我们着重介绍"同义法"。

外国学习者一旦学完了汉语的基本语法并掌握了1500个左右的常用词语以后,就会遇到同义词、近义词用法方面的问题。[①] 那么,对留学生进行词语教学过程中要不要进行词语辨析?对这一问题,在对外汉语教学界还存在不同的认识。一种意见认为,词义辨析是教学的难点,很难使留学生理解,碰到时应回避,尽量不辨,或者不作重点,不必重视,不要多讲。还有一种意见,是

---

① 引自杨寄洲:《课堂教学中怎么进行近义词语用法对比》,载《世界汉语教学》2004年第3期。

与上述意见截然不同的。这种意见认为,掌握近义词的多少往往标志着掌握一门语言的程度,一般在中级阶段扩词的范围是同义词、近义词、反义词或形近词,所以基础汉语教材后期开始涉及一些常用的近义词,应该用实例说明它们的异同,加深留学生对近义词细微差别的印象。我们从教学实践中认识到,随着留学生汉语词汇量的增加,碰到的近义词会越来越多,学生掌握词汇的难点也越来越集中在词义辨析方面。不可避免的,到中高级阶段,词义辨析的任务会越来越重。这项工作对学汉语的留学生来讲并不是可有可无的,相反,它决定着他们是否能比较准确、比较生动地用汉语进行口头或书面交际。因此,词语辨析应得到足够的重视。

根据学习者词语混用和误解的影响因素,可把汉语易混用的同义词分为以下几种:

第一,理性意义基本相同的词,也就是狭义的近义词。例如"解释、说明";"粗心、马虎";"诞辰、生日"等。这类词语义关系近,其间的细微差别很难被学习者感知和把握,混用的可能性很大。对这类词的辨析应主要在用法和附属意义上。邓守信《汉英汉语近义词用法词典》和杨寄洲、贾永芬主编的《1700对近义词语用法对比》就特别侧重辨析近义词的搭配关系、词形变化及语体限制、褒贬色彩等方面的异同。

第二,有相同语素的词。在汉语中,大量复合词因含有相同的语素,在意义和书写形式上都有相同之处,最容易发生混淆。例如:

(3)虽然我们很少寄信,但是每年她一定寄我一张生日卡片。(虽然我们很少通信,但是每年她一定寄我一张生日卡片。)

(4)他们谈一谈了一下儿,就开心地回家了。(他们谈了一会儿,,就开心地回家了)

(5)下午,要晚上的时候。我们的家都整齐了。除了厨房,还一点脏。(下午，要晚上的时候。我们的家都整齐了。除了厨房，还有点儿脏。)

第三，母语一词多义对应的汉语词。学习者母语中的一个多义词，可能对应汉语的两个或多个词。学习者学过其中之一后，可能会用这个词表示母语多义词可以表示的其他意思。例如，英语的 live 是一个多义词，有两个常用义：(1) (在某处) 住，居住；(2) (以某种方式) 生活，过日子。当学生学过"住"后，可能会误将汉语"住"与英语的 live 等同起来，在"生活"的意义上也常常使用"住"，写出"我住的地方还留着封建的想法，学汉语的年轻人很少"这类句子。

第四，母语汉字词与对应的汉语词。日语、韩语等语言中，都有大量汉字词，其中有些汉字词与汉语的某个词同形，可意义和用法并不相同，而是对应另外一个汉语词。日、韩学生对母语与汉语同形的词往往不够敏感，在表达中直接使用母语词，造成母语汉字词与对应的汉语词混淆。

同义词的辨析主要从意义和用法两个方面入手：

其一，对比同义词意义的异同。

对比两个词语意义的异同时，着重从基本意义、感情意义、语体意义等方面入手。比如"创造、制造"、"自私、自爱"、"擅长、拿手"等，就可以从词义的着重点、感情色彩和语体色彩上加以辨别。

其二，对比两个词语用法的不同。

对比同义词的用法时，包括同义词的词性、搭配对象、造句功能、构词能力、构形变化等方面。"大概"和"大约"意思差不多，但"大概"既是副词又是形容词和名词，"大约"只能是副词。"旅行"和"游览"这两个词意思差不多，但是"旅行"不能带宾语，"游览"则可以。"不料"和"竟然"都有"没想到"的意思，但是，"竟然"前可以带主语，"不料"的句子前就不能有主语。如可以说"他竟然连考试都没参加就回国了",但不能说"他不料连考试都没参加就回国了"。"北"和"北边"表示方向时可以互相替换,但"北"是语素,有构词能力,"北边"则没有构词能力,如可以说"冬天这里常刮北风",不说"冬天这里常刮北边风"。"安静"和"寂静",前者可以重叠,后者则不行,属于同义词的构形变化不同。

语义系联法是利用词义之间的聚合关系进行词语释义的方法。要注意解释一个新词,用于解释的相关词不能也是新的,否则增加学生的学习压力。

(六) 语境法

语境就是语言使用的环境,包括狭义的上下文语境和广义的情景语境。词、短语、句子等在语流中出现时,它前面或后面出现的其他语言单位都是该单位的上下文语境。"上下文"是一个宽泛的概念,在一段话或一篇文章中凡出现在某语言单位之前的词、语、句都是该语言单位的上文,出现在后的都是下文。最重要的上下文却是该词处于同一个句子的其他的词或短语。上下文语境是就语言内部说的。

词不离句,句不离段,是行之有效的语言教学方法,更是行之有效的词汇教学法。把词语放到句子中去理解、记忆,其实质就是借用典型的语境来展示词语的意义及各种要素,使学习的人能够较为准确的理解和运用。对外汉语是一种第二语言学习,对语境的依赖更为突出一些。

典型例句释义法是语境法的一种。在实际教学中,教师先出示例句,让学习者通过例句领悟词语的意义,然后让学生做替换练习或模仿造句,或是教师提出恰当的问题,使学习者不用这个词就不能准确表达自己的意思。比如教"居然"这个词,告诉学生该词的意义是"没想到"的意思,在句法上"居然"常用在动词前,然后举例说明,同时也留下不是很完全的句子让学生补充,如"到现在,他们的工资居然还没发下来。老板说,过几天就发。事情过了才几天,他忘了。(居然)",这样学生可以在一定的上下文中体会词语的用法。

有的词,特别是一些语义抽象的词,不便讲解,也不好理解,将这个词的习惯搭配展示给学习者,学习者会比较容易领会其意义和用法,如"凭"的意义是"根据、依靠"义,语义抽象,若把"凭"放进短语中,意义和用法就会同时显现出来,如"凭票入场","凭经验办事"等。

对于某些趋于习语化的语块,如"得了、你看你、好了好了"等,这些结构所蕴含的意义和功能只能在语境中才能得以很好的显现。

情景语境则指说话时的人物、背景、牵涉到的人或物、时间处所、社会环境以及说听双方的辅助性交际手段(包括表情、姿态、手势等非语言因素)。在语言表达中,人们总是结合着情景语境选择词语、理解词语的,某个词语适宜用在具有哪种交际用途的句子中也是留学生需要掌握的。比如副词"赶忙"、"赶紧"、"赶快"都有加快速度做事的意思,在汉英词语对译中对应着同一个英译词"hasten",在句法结构中的分布也相同,即用于动词前作状语。但是它们所适用的句类不尽相同,"赶紧、赶快"既可用于陈述句,也可用于祈使句,而"赶忙"只用在陈述句中,不能用在祈使句中,如可以说"听见有人敲门,他赶忙/ 赶紧/ 赶快去开门",也可以说"有人敲门,你赶紧/ 赶快去开门",但是不说"有人敲门,你赶忙去开门"。

情景法也是语境法的一个重要形式。教师在课堂上可以将准备好的语境提供给学习者,让学习者用生词表达出来。比如要练习的成语是"不可或缺",老师可提示语境,如"水是自然界一种不能缺乏的资源",学生可回答"水是自然界一种不可或缺的资源"。

在第二语言教学中常出现这种情况：学生正确掌握了词语的词汇意义，语法形式上也没问题，可造出来的句子令人啼笑皆非。若交际对象不同，说话人的表达策略也应发生变化。比如同样表示谦虚，领导表扬自己时，用"哪里，哪里"或"过奖了"很得体很庄重；朋友夸你时，则可以说"好什么呀？"的"形+什么"的形式，如果不顾交际对象，对领导用"A什么？"则显得不礼貌。词汇教学应该重视对什么场合用什么词语的语境提示，语言交际能力是语言表达的正确性、熟练性和语言表达的得体性三方面能力的综合。传统的语言教学重视前二者而忽视后者。学生对何时何地何种环境该用哪个词，该怎么说，知之甚少，从而使词语教学陷于困境。

拿"做寿"一词来说，如果我们仅仅让学生了解"为老年人祝贺生日"之意，而不强调它"用于较为隆重的场合"这一点，学生就会说出"我买了几瓶啤酒给你做寿"的句子。开玩笑尚可，若是用于正式的场合，就很不合语体。

（七）文化含义阐释法

文化含义阐释法就是通过不同语言之间所反映出的文化差异来解释词语之间所蕴含的文化因素的方法。

语言与文化关系密切，词义承载着民族文化。苏宝荣（2000）认为词义在反映概念的基础上附加了民族文化内涵，离开民族文化背景，词义就难以理解。他把词的语言意义和文化意义之间的关系分为三种情况：非文化词语、在特定文化背景下产生的文化词语、逐渐获得文化意义的文化词。

汉语中许多词语有着特定的文化含义，学生理解词语的基本意义或字面意义并不难，但了解其附着的文化意义却不容易。教师在给学生解释基本意义的同时，必须适当地阐释词语附着的文化含义，不然很难使学生真正理解它们。比如，解释"下岗"，一般可以用"失业"同义替换，但"下岗"所含有的中国国情含义，却是"失业"无法表现的;又如"离休"与"退休、病休"的区别,都有中国的劳动政策蕴含其中。再如"上山下乡、赤脚医生、工农兵学员"等词语标志着时代的特点;而"望梅止渴、画龙点睛"等成语则留有历史的遗迹;至于"包二奶、傍大款"则是当代社会生活的一角。

不同民族不同的文化意识,往往可以通过词义折射出来。比如汉语的"狗"和英语的 dog 附加的感情色彩不同。汉语以"狗"为语素构成的词也很多,这类词语往往是贬义的,如"野狗、走狗、关门打狗、恶狗、疯狗、偷鸡摸狗、癞皮狗"等等,汉语对"狗"的贬义色彩可以通过词汇体现出来,而这和英语中的"love me, love my dog"中对"狗"的褒义色彩不同。欧美国家的学生一般会把"狗"当做家庭一员来看待。

词语的意义,有的可能只适用于以某一种方式解释,有的则可以用几种方法说明。关键是方法的运用必须考虑到教学的目的、教师自身的条件、教学对象的情况(母语、文字、文化、背景和汉语水平)等,同时词语本身的特点和上下文语境也是不可忽视的因素。

汉语作为第二语言教学的词汇教学,应该和词典的编纂与运用结合起来。关于"汉语作为第二语言学习词典的编纂",我们将在第七章第三节详细讨论。

本章参考文献

1. 崔希亮:《语言学概论》,商务印书馆 2009 年版,第 206—209 页。

2. 邓守信主编:《汉英汉语近义词用法词典》,台北:文鹤出版有限公司,1994 年。

3. 高燕:《对外汉语词汇教学》,华东师范大学出版社 2008 年版,第 47—48 页。

4. 高占祥:《新三字经》，中国人民大学出版社 2008 年版。

5. 郭志良:《对外汉语教学中词义辨析的几个问题》，载《世界汉语教学》1988 年第 1 期。

6. 胡明扬:《对外汉语教学中语汇教学的若干问题》，载《语言文字应用》1997 年第 1 期。

7. 李慧、李华、付娜、何国锦:《汉语常用多义词在中介语语料库的义项分布及偏误考察》，载《世界汉语教学》2007 年第 1 期。

8. 李绍林:《对外汉语教学中的同义词问题》，载《第七届国际汉语教学讨论会论文选》，北京大学出版社 2004 年版。

9. 刘 缙:《对外汉语教学中词语辨析之浅见》，载《中国人民大学学报》1996 年第 5 期。

10. 刘晓梅:《对外汉语教学高级阶段同义词的范围与辨析》，周小兵、朱其智主编:《对外汉语教学习得研究》，北京大学出版社 2006 年版。

11. 吕必松:《对外汉语教学概论（讲义）》，国家教委对外汉语教师资格审查委员会办公室编，内部资料，1999 年。

12. 马清华:《唯频率标准的不自足性——论面向汉语国际教育的词汇大纲设计标准》，载《世界汉语教学》2008 年第 2 期。

13. 钱玉莲:《现代汉语词汇讲义》，北京大学出版社 2006 年版。

14. 苏英霞:《浅谈对外汉语教材"词语例释"的编写》，载《汉语学习》2004 年第 4 期，第 56—61 页。

15. 万艺玲:《对外汉语词义教学中的两个问题》，载《语言教学与研究》1997 年第 3 期。

16. 王汉卫:《论对外汉语教材生词释义模式》，载《语言文字应用》2009 年第 1 期。

17. 王钟华:《学习主体与外部条件》，载孙德金主编:《对外汉语词汇及词汇教学研究》，商务印书馆 2006 年版。

18. 吴勇毅：《词语的解释》，载孙德金主编：《对外汉语词汇及词汇教学研究》，商务印书馆 2006 年版。

19. 杨寄洲、贾永芬编著：《1700 对近义词用法对比》，北京语言大学出版社 2005 年版。

20. 苑春法、黄昌宁：《基于语素数据库的汉语语素及构词研究》，载《世界汉语教学》1998 年第 2 期。

21. 叶蜚声、徐通锵：《语言学纲要》，北京大学出版社 1997 年版。

22. 张江丽：《词义与语素义之间的关系对词义猜测的影响》，载《语言教学与研究》2010 年第 3 期。

23. 张 博：《同义词、近义词、易混淆词：从汉语到中介语的视角转移》，载《世界汉语教学》2007 年第 3 期。

24. 朱志平：《双音节复合词语素结合理据的分析及其在第二语言教学中的应用》，载《世界汉语教学》2006 年第 1 期。

25. Chaofen, Sun. 2006 Chinese: A Linguistic Introduction. Cambridge University Press.

第五章　汉语作为第二语言词汇教学的内容和方法

本章主要介绍汉语作为第二语言词汇教学的内容和方法，词汇语义学在语言学的本体研究、计算语言学研究中的地位日趋重要，笔者认为，汉语第二语言教学中，注重词汇教学的系统性是第二语言教学贯彻词汇语义学的一种思路，因此建议在第二语言教学中重视词汇教学的全局观，建立"词汇语义网"。第二节和第三节将结合第二语言教学的实践，条分缕析地探讨汉语作为第二语言词汇教学的内容和课堂教学方法。

第一节　汉语作为第二语言教学中的词汇语义学

一、汉语作为第二语言教学与词汇语义学

笔者认为在汉语第二语言教学的词汇教学中，应该强调词汇的系统性教学。课文中的生词虽然是以清单的方式列举的，但是这只是教材的一种设计，实际上整个词汇是一个自组织的系统，有语义和构词法上的理据性。

为什么要提出"重视词汇的系统性"呢，目的是为了提示教师在词汇教学中不要局限于每篇课文后的 30～50 个生词，要有"词汇系统"的全局观念。整个汉语第二语言教学的词汇，是一个包含很多概念的纵横交错的有联系的集合，是一个词汇语义网络，教外国留学生词汇的目的，笔者认为是要在留学生的头脑中培养出他们关于汉语的一个词汇语义网,这个网络越丰富、越精准、越能体现学生的汉语水平。

词汇语义学在语言学的本体研究、计算语言学研究中的地位日趋重要。迄今为止,汉语词汇语义学研讨会已经举办了九届。根据张志毅、姜岚(2006)的观点,词汇主义是这样一种趋势——从语法结构事实的解释转移到词汇事实的解释。词汇功能语法更强调词库的作用,让词汇承担更多的语法任务。总之,词汇是重点,语义是重点,词义是重中之重。因此词汇语义学成了当前语言学的首要任务。

Lyons将词义分成指示意义(denotation)、关系意义(sense)和指称意义(reference)。"指示意义"反映语言以外的某类事物,和外部世界的实体(entities)相关的一种表达;"关系意义"反映语言内部单位关系意义,是和语言系统相关的;"指称意义"反映语境中的特定事物。这些意义彼此之间是相关联的,词的意义不是笼统的一个意义,意义也是分不同层面的。

汉语第二语言教学的词汇教学有着自己特有的针对对象,它的教学目的是为了扩大学生的词汇量及让学生掌握词语的用法,但在教学中教师不是随意地增加学生的词语量,教师应该有词汇教学的全局观,注意选择所教的词语,可采取语素释义分析培养学生的构词意识,扩展学生的词汇量,对词语从语义上进行辨析,辨析词语之间的同义、反义和上下位义关系,注意考查词义在语境中的运用,强调词汇与文化的联系等,词义的组合和聚合一起构成词汇语义网,体现在汉语第二语言教学中贯彻词汇语义学的思路,展现词汇语义教学的系统性。

二、汉语作为第二语言教学的词汇语义网

当前认知心理研究的主流是联结主义系统理论,联结主义的认知模型假定,在一个大的网络中,每一单元都与其他单元有联系。每一个加工单元都有相应的激活水平，类似于神经元的激活速度，单元通过单元间的联结强度对临近单元的活动发生影响，而网络中的知识是在训练期间通过联结的逐步增强建立的。笔者认为，联结主义的认知理论对于汉语词义网络的系统性具有解释力。

整个汉语词汇是一个自组织的系统，在这个系统中，词义之间也存在着各种内在的联系，并形成一个多元关系的语义网络。语言学家所谓的词汇场（lexical field）和语义场（semantic field），实际上都是词汇或词义网络系统的外在形式。词汇场可以说是词汇间外在的网络系统，语义场则是词汇的内在语义网络系统。

常敬宇（2003）认为词汇的词形结构网络特点主要以同素词族为代表。同素词族又可分为同类同素词、同音同素词、关系同素词、引借同素词等。[①] 这4类同素词族反映了汉语词汇生成的主要特点：即由某一词素可以构成一个同素词族的词形结构网络系统。

常敬宇还认为词汇语义联想网络又可分为"类义联想网络、关系联想网络和联用关系联想网络"三种。类义联想网络又可以分为同义关系网络和对义关系网络，关系联想网络又可再分为包容关系联想网络、类属关系联想网络和引申关系联想网络。联用关系联想网络指由一个词可以联想到与该词有联用或业务关系的词语，这些联用关系形成一个网络。例如，由"邮局"这个词而联想到与其有联用或业务关系的词语：

邮局：邮件、寄信、邮票、邮政信箱、邮筒、邮编、纪念邮票、首日封、信封、信纸、明信片、有奖贺年明信片、挂号信、航空信、快递、汇款、汇款单、包裹、包裹单、电子邮件、电报、电传、电讯、传真、电话、邮递员

[①] 详见第三章第二节。

笔者认为，构建对外汉语词汇教学的词汇语义网，对于同义词集合，应该十分重视。同义词教学在语言本体教学中十分重要，而在对外汉语教学中，同义词教学更是重中之重。在第二语言习得的过程中，学习者由于缺乏语感并受到母语知识的干扰，很容易扩大同义词的范围，把本族人不易混淆的词当作同义词来处理。

卢福波共收录了254组近义词语，涉及630多个词。杨寄洲、贾永芬共收录1718对同义词和近义词并进行辨析。虽然二者的研究角度不同，收词的数量不一，但是他们的研究方法都采取了一种"清单式"的列举，然后按照音序排列，这种罗列，不便于学生的记忆和理解，而且书中列举的同义词难免出现遗漏。再说究竟有多少组同义词，也会因国别语言的不同而不同，不便于穷尽。

在《1700对近义词语用法对比》一书中，将"减轻"和"减弱"列为第700组同义词，可是在教学中又出现了"减少"一词；把"分明"和"明明"作为第459组同义词，而在教学过程中又出现了"鲜明"；"面貌、面容、面目"该书列为同义词，可是"外貌"呢？又没有列入其中。一个词可能有多个同义词，如果对同义词采取线性排列，势必显得零散，不如把同义词的集合看成网状结构，网上的节点代表一个个有联系的词语，如果学生掌握了其中某个词，其他的同义词就有可能被联想"激活"，那么"旧词"连"新词"，将会"激活"更多的词语。

在计算语言学领域中，美国 Princeton 大学的"词网"（Wordnet）是一个在线的词汇指称系统，词义被表征为同义词词群（synonym sets）。① 除了词网以外，还有"格语法"的提出者 Fillmore 负责的"框架网络"（Framenet），该网络是一个基于语料库、以框架为基础的计算机词典编纂项目，是一个在线的词汇语

---

① 参见美国 Princeton 大学，http://wordnet.princeton.edu/。

义资源。① 受"词网"和"框架网络"的影响，针对汉语词汇语义知识表示的方法和网络也一直在进行研究，如 Dong Zhendong（董振东）的知网（Hownet）、于江生、俞士汶的中文概念词典等，对于词义的探索已被编入网络结构。

把同义词看成网状结构，符合词汇语义学的思路，借助计算语言学中处理"词网"的实践，构建词汇语义网。哈尔滨工业大学在处理"同义词"时，借鉴了梅家驹的《同义词词林》，可以在电脑中进行编程计算。词汇语义网除了同义关系外，还有多义关系、词语搭配问题。

上述这些词典都是供本族人使用的，在语义的分类体系和词义的解释上，汉语作为第二语言的教学是面向外国人学汉语使用的，在词义的解释上，本国人不易混淆的词外国人却很容易产生偏误，面对学生的偏误，教师该如何解释和纠正，教师该如何把这些新词"内化"为学生的知识，在学生的头脑中建立起一个词汇语义网络，这些都是值得我们探讨的问题。

笔者认为可以尝试像梅家驹等的思路，给词汇来个大、中、小三类的划分，这三类是按概念意义来划分的，然后在每个小类里列举若干词，这些词根据词义的远近和相关性再分成若干"词群"，"词义网"就形成了。"词义网"的建立，便于学生查找和对词义的理解和学习。

综上所述，笔者针对对外汉语词汇教学"遇词讲词"的现状，提出对外汉语词汇教学的系统性原则。认为应该在对外汉语词汇教学中，贯穿词汇语义学的理论，参照计算语言学中的"词网"思路，构建针对对外汉语教学的词汇语义网。

---

① 参见美国 California 大学 Berkeley 分校，http://framenet.icsi.berkeley.edu/。

第二节 汉语作为第二语言词汇教学的内容和特点

教师在汉语作为第二语言的词汇教学中，究竟需要讲些什么内容？怎样才能算是充分地解释了某个词？这些都是值得探讨的，这个问题涉及汉语作为第二语言词汇教学的内容。

一、汉语作为第二语言词汇教学的内容

语言学习中，充分掌握一个词语要比仅仅了解一个词语意思的范围大得多，包括词语的读音、意义、语法特征、词语之间的搭配、联想及词频等多个方面。

在对外汉语词汇教学中，应该包括以下几个方面的内容：

第一，词语的形、音、义，这是教学的基本内容。比如要求学生写"允许"，学生写出"充许"，这是字形上的混淆。再如"炸"有两个读音，在不同的课文里出现，应该对比，如"炸（zhá）鸡腿"与"炸（zhà）掉"，同时解释词义，"炸（zhá）"是"一种做菜的方法，在热油中把东西做熟"；"炸（zhà）"是"东西突然破了"的意思。再如学生问"浸湿"是何义？可以演示用杯子里的水把布浸湿，然后解释"浸湿"的偏旁都是"氵"，和水相关。

第二，学习词汇不仅仅要明白词义，还要注意词语的用法。如什么是"打破"，词义只是词汇学习的一部分，更重要的另一部分是其内涵特征及使用规则，如语法与语义的相连关系。有的动词必须带宾语，有的动词可有可无，有的动词不可带宾语。有的词的用法在某一语言中运用得当但在另一语言中则完全不然。如：

(1) a 他打破了杯子。

　　　　b He broke the glass.
(2) a ＊ 他打破了。
　　　　b ＊ He broke.
(3) a ＊ 我常常见面她。
　　　　b I often meet her.
(4) a 我想张朋要结婚李友。
　　　　b I think Zhang Peng is going to marry Li You.
(5) a 我睡觉得太少。
　　　　b I sleep too little.

　　汉语词语的用法前面已讨论过离合词、同义词、成语等方面的教学。这里重点谈一下动词结构的教学。造成例（2）—（5）的错误，主要在于动词的使用有问题，动词能否带宾语，动词能带几个名词，这些都是在汉语作为第二语言的词汇教学中必须明确的。

　　句子结构由动词的语义功能及名词与动词的语义、句法之间的关系所决定。换句话说，掌握了动词结构不但学到了语义功能（动词和它所匹配的名词在意义上的关系），句法结构（动词和它所匹配的名词在语法上的关系），而且也明白了语用（以某一动词结构所出现的句子有什么样的语用功能，在什么样的环境下出现）。在第一语言习得中，儿童对动词结构的限制性是很敏感的。[①]

　　不同的动词对其名词短语，比如哪些是必需的，哪些是可选的都有具体的要求，动词的语法功能和语义功能是相对应的。比如有的动词只允许从句但不允许代词作它的宾语，如"建议"；有的动词只允许名词而不是代词作宾语，如"赞同"和"同意"；还有的动词既允许名词、又允许代词、还允许从句作它的宾语，如

[①] 引自温晓虹：《汉语作为外语的习得研究——理论基础与课堂实践》，北京大学出版社2008年版，第230页。

"推荐"和"支持"。比如"意味着",这个动词的常用格式是"A 意味着 B",关键是 B 经常是动词性短语(或形容词性短语)或小句,比如可用语境提示学生"那个男孩子天天给女孩子送花意味着什么?"然后让学生输出句子。

　　动词和其名词结构的组合表现了不同语言的特殊性。即使动词在不同的语言中有着相同的意义,动词结构也常常不一样。如:

　　(1)星期六晚上,我们跳舞得很高兴。

　　(2)他来晚了因为他昨天睡觉得很晚。

　　例(1)、(2)中的偏误的原因是多方面的,其中一个是学习者可能并不知道"跳舞、睡觉"是可离合的动词。

　　学习动词的另一个难点是如何判断一个动词能否带宾语。语义上的提示并不能告诉学习者为什么某些动词必须带宾语,如"离开";某些可带可不带宾语,如"回";某些不能带,如"走"。动词"走"在语法上的限制是只能有一个名词短语,即动作的发出者做句子的主语;动词"离开"则要求两个名词短语,一个动作的发出者做句子的主语,一个表示处所的名词做句子的非受事宾语。

　　再如动词"嫌"与"嫌弃"语义相近,造成学生容易出现"我不想出门,因为我嫌广州的天气"这样的错误,但"嫌"与"嫌弃"二者的动词结构不一样,如:

嫌(+NP)+VP　　　　　嫌弃+NP(+VP)

嫌(+对象)+评价　　　嫌弃+对象(+评价)

　　"嫌"后面必须有评价性动词或形容词,"嫌弃"后必须有对象宾语,所以,"我嫌他矮"可以说,"我嫌他"则不能说,"我嫌弃他"则可以说。究其原因,在于这两个动词所必须带的宾语类型是不一样的。

　　又如"服务"这个词,在语义上它要求至少有一个施事和一个(服务)对象,但光知道这一点还不够,学生还要知道在汉语句法上需要用一个介词短语来引出这个服务对象,而不是将这个对象直接作为句子的宾语,这就是"服务"这个动词在句法上的强制性特征。所以正确的用法该是"为人民服务"或"服务于社会"等。

在动词的语法意义中,尤其要注意说明它能否带宾语或带何种补语。如"出席"做谓语后面常加"某会议"做宾语,而"缺席"则只能做谓语,不能带宾语。有些词在充当某个句子成分时常有限制条件。如"哆嗦"在句中常做补语——"他气得直哆嗦",也可做状语,但常要 AABB 重叠,如"他哆哆嗦嗦地拆开了信"。

不同语言之间对动词结构的限制以及动词与名词短语所搭配的规则往往不一致,或是在特定的社会习俗中形成的,或是语言与认知概念的建立不同。不论是什么原因,动词结构体现了语言之间的不同和某一具体语言的特征,这正是我们词汇教学中的重点之一。

第三,注意构成词语的语素的意义。汉语词汇是一个有层次的系统,语素是词汇系统的有限集合,是基本的、稳定可控的底层单位。汉语词大多以单音节语素为构词单位,按照一定的构词法结合而成,语素意义与词的意义有关联,大多数语素在构词时意义基本保持不变,即使有少数变化也是有规律可循的。因此,语素是汉语词汇教学的一个重要内容,体现了汉语词汇教学的特点。

第四,注重现代汉语的构词法。现代汉语的主谓式、偏正式、动宾式、动补式、联合式等合成词的结构原理在汉语的句法结构中再次呈现,汉语的词法和句法有着很大的一致性,掌握汉语的构词法对于理解汉语的句法结构也很有帮助。学生掌握了语素的意义和构词法,就可以更加深入地理解词义,并可举一反三地学习新词,扩大词汇量。尤其是汉语的数量有限的词缀构成的派生词，如"者、家、儿、头"等，可以用类推的方法帮助学生理解这类词的构成，如以"者"为词缀构成的"读者、记者、编者、学者"等，可以帮助学生理解"X者"结构。另外，词法和句法有些交界现象，比如离合词，在汉语教学中应该受到特别重视。原因是离合词出现频率高，出现时间早，初级阶段的学生经常使用，出现的偏误也较多。

第五，注重词语的语境教学。词语教学不是"就词讲词"，词语的教学还包括语境教学。我们经常在教学中举例说明，比如很多虚词的教学、多义词教学、同义词教学经常在一定的语境中进行，有些情景式教学生动形象，教学效果好。

第六，注意词语的联想网络群。网络化是词汇系统化的一个重要特点，利用词语的网络化特点，可以以一个节点带动一片，迅速扩大学生的词汇量，有助于系统的汉语心理词库的形成。教师应该利用词形和语义两个方面，帮助学生联想已经学过的词语，建立词语网络。

第七，重视词语的文化意义。词汇是和文化最密切的语言要素，在第二语言教学中，我们需要了解学生的民族文化，将它与汉民族文化进行对比。比如"筷子"和"刀叉"这些餐具，直接和学生的民族文化背景相关。

第八，教学中重视基于汉语和外语比较形成的词汇"空位"现象。不同的语言之间存在不少差异，常有"此有彼无"的现象，形成了语言中的"空位"。汉语的量词在欧洲学生中容易遗漏，汉语词的重叠现象有些中亚学生不能理解，比如虽然明白"糊涂"，却不明白"糊里糊涂"的词义。再如汉语的亲属称谓词，给以英语为母语的人落下了许多空位，这些都是在教学中应该注意到的问题。

二、汉语作为第二语言词汇教学的特点

汉语作为第二语言的词汇教学是否有效？应该遵循什么规律

进行词汇教学？这里主要研究第二语言学习者在词汇习得和认知过程上有什么特点。

　　Krashen（1982）把语言的掌握分为两种不同的方式：习得与学习。"习得"是掌握第一语言的途径，即在日常生活的自然环境中通过大量的语料输入习得语言，是一个无意识的过程，在主观上学习者没有做任何努力。"学习"是有目的、有意识的过程，语言技能要经过反复的训练而获得，这种学习往往是在教学环境下，在老师的辅导下，有教材有系统的学习。

　　在词汇习得和词汇教学领域，还有许多问题没有得到解决。有一个至今仍在争论的问题是，词汇教学是否有效？通过日常的语言经验来习得词汇是否更加有效？如果词汇是可以通过教学来习得的，那么哪一种词汇教学方法是最有效的？认知心理学家和教育心理学家对这些问题进行了探讨。词汇习得的途径主要有两个，一个是直接的词汇教学，学生对词汇进行直接的有意学习；另一个是从语境中偶然学习，这是一种无意学习。

　　据 Nagy，Anderson 和 Herman（1987）的调查[①]，学生的大部分词汇不是通过直接词汇教学的途径习得的，而是从语境中偶然学到的，这些语境包括阅读、对话和写作，其中最主要的是阅读。通过语境这种途径习得词汇是一个缓慢的、渐进的过程。与某个词只接触一次，获得的学习量很小，只有通过多次接触才可能完全理解一个词的意义及其使用的语境。但是，这种一点一点地增加的词汇知识是非常重要的。

　　第二语言词汇分类主要依据词语掌握情况，将词汇分为理解性词汇与表达性词汇。一般认为，理解性词汇在习得中早于表达性词汇。这是第二语言词汇的重要特征，已经得到普遍认可。

---

　　① 转引自江新：《词汇习得研究及其在教学上的意义》，载《语言教学与研究》1998 年第 3 期。

Crow(1986)认为,词汇的接受性知识是学习者在阅读或听力理解时为理解某个词语而需要知道的关于该词的知识,词汇的产出性知识是学习者在说话或写作时为理解某个词语而需要知道的关于该词的知识。对于词汇接受,学习者一般只需知其最基本、最核心、最常用的意义即可。而词汇产出则要求学习者对目标词有比较全面的理解,并在使用上达到一定的自动化程度。产出性词汇学习比接受性词汇学习需要更深更复杂的信息处理过程,因而对词汇的长期记忆具有十分重要的作用。[1]

词汇习得涉及的内容很多,包括学习者获得词汇知识的过程、不同的词汇学习方法、学习策略等。学习者获得知识的过程,也是其词汇广度知识和深度知识的增长过程。广度知识是指学习者词汇量的大小,深度知识包括词的语音形式、文字形式、概念义、联想义、语法特点、搭配规则、语用条件等。Craik & Lockhart(1972)曾提出"加工深度假说",加工的深度也会影响学习者对词义的理解,这里的"深度"指的是对语义认知理解的程度。[2] 一个词在被认知以后,它可能会在学习主体过去经验的基础上进行深度的加工,可能会激发一个相关词语、形象或故事,最终达到对目标词认识的深化。

词频对词汇习得效果有明显影响。根据一些研究发现,高频词在词汇判断作业和命名实验中的反应都要快些或容易些。Forster & Chambers(1973)的实验发现,高频词的提取比低频词要快71毫秒。[3]

从词汇习得的研究中,可得出对教学的一些启示:(1)词汇

---

[1] 转引自何清强:《第二语言词汇教学的"认知—动机"模型》,载《语言教学与研究》2008年第3期。
[2] 转引自张江丽:《词义与语素义之间的关系对词义猜测的影响》,载《语言教学与研究》2010年第3期。
[3] 转引自彭增安、陈光磊:《对外汉语课堂教学概论》,世界图书出版公司2006年版。

学习是一个连续过程，应该对不同的词汇和不同的学生提出不同的要求。(2) 既教给学生词汇的定义知识，也教给学生语境知识。(3) 鼓励学生利用语境猜测生词的意义。(4) 鼓励学生进行大量的课外阅读。(5) 词汇教学要使词汇围绕一定的主题或中心出现，提高词汇的重现率，并且鼓励学生在教学语境之外运用生词。

第三节　第二语言词汇教学的课堂教学方法

由于学习词汇必须进行大量的记忆活动，词汇学习很容易流于单调，因此词汇教学必须讲究方法，使用一定的技巧，使课堂气氛活跃，最大限度调动学生的积极性。

传统语文教材《三字经》中的句子，汉语短语的结构类型，以及汉语功能词，都反复用到，且朗朗上口，可资借鉴，如：

人之初　性本善　苟不教　性乃迁　昔孟母　择邻处　养不教　父之过　子不学　非所宜　玉不琢　不成器

由于时代的原因，《三字经》中的一些字不大常用了，于是出现了对母语是汉语的孩童进行语文教学的《新三字经》，《新三字经》对于汉语作为第二语言教学来说，从三字结构入手，用当代汉语口语的表达方式来教学，都很有启发。如：

天地水　是三元　养万物　亲自然　天道厉　地道严　水性柔　顺而险　慎开发　节能源　播绿色　种福田　芳草地　碧云天　杏花村　桃花源　元气旺　福气添　心神怡　寿延年　天人合　永世安

学生掌握一个词的过程可以分为认识、理解、记住和使用，词汇教学可包括以下几个方面的内容：展示词语、解释词语、指导学生练习、检查和巩固记忆。这些技巧的使用不是截然分开的，教师应根据教学需要灵活选择。

第五章 汉语作为第二语言词汇教学的内容和方法 151

在展示词语的技巧上，可按课文生词表的顺序，结合例句，围绕课文展开进行。可采取问答的形式，或者让学生复述课文，在多次问答、复述中，不断强化学生对生词的记忆和对课文的理解。教师也可按话题分组展示词语，比如胡鸿、褚佩如（1999）提出的集合式词汇教学中，包括称呼集合、数字集合、时间集合、家庭起居日用词语集合、办公室用词语集合、饮食集合、交通集合等，实际上按交际用语设计一些基本范畴。

展示词语的技巧，有领读、齐读、点读、认读等"读"的方式；有利用实物或图片展示词汇的；有体态、动作演示；有听写。值得一提的是"表演法"，在课堂上既能活跃气氛，又增强了学习效果。如在学习"蔬菜与水果"词语集合时，开展"选最佳经理"活动，通过对不同地区的物价的比较，评选出最精明的商人。

词汇练习的技巧很重要，词汇教学时一定要进行大量的、多样化的练习，营造师生互动的课堂氛围，避免老师唱独角戏，避免"填鸭式"的教学。提问的技巧很重要，每一个问题都要精心设计，师生之间，学生之间，都可以互相提问。学生在提问中发现问题，老师在提问中解决问题，问题要尽量设计得有针对性、趣味性。在语言练习上，有说出同义词、反义词，说出动词的宾语，说出和名词搭配的动词，说出恰当的量词等语言问题，练习的设计上，可采取选词填空形式，此道题一是检查学生对词义的理解和辨析同义词，二是让学生根据词语的语法功能选择合适的词，如：

（1）天阴沉沉的，_____要下大雨。
　　A. 害怕　　B. 恐怕　　C. 惧怕　　D. 受怕

练习设计上还可以采取词语替换，让学生体会用语法功能相同的词语替换句子中的画线部分，句子意思变了，结构未变。如：

（2）教室里坐满了人。——讲台上坐满了人。车上坐满了人。

　　教室里坐满了人。——教室里坐满了学生。教室里坐满了孩子。

练习设计上还可让学生改错、辨别词语不同类别、成语填空、成语接龙、词语联想、词语接龙、画面联想、模仿例句完成句子、用指定词语回答问题或完成句子、用所给的词语改写句子、看图片造句、根据语言情景,用指定词语对话、填写关联词等。

帮助学生积累词汇也是教学中的一个重要环节,教师应及时将学过的词语进行归类总结,并带领学生复习,既可温故而知新,也可以强化汉语词汇的系统观念,帮助学生完善心理词库[①]的构建。马玉汴(2004)提出"放射状词汇教学法",注重从汉语汉字独特的形、音、义关系及其词法、句法特点出发,以所学词语为射点,分别向词汇的形、音、义及构词法、句法方向放射串联已学或将学词语,引导学生在词汇形、音、义及句法表征间建立起精确而丰富的连接网络。如在教学中,以所学词语为射点,向语音、字形方向放射串联音同音近词、形同形近词。如:

(3)遥远:遥——摇(摆)、谣(言)

(4)摸——(白面)馍、模(范)、沙(漠)、(寂)寞

对外汉语教学的课堂教学技巧研究,近年来有一定的讨论,全面而系统的研究主要是崔永华、杨寄洲主编的《汉语课堂教学技巧》和周健主编的《汉语课堂教学技巧与游戏》,对各方面的教学技巧进行了较系统的总结,提供了上百种课堂教学技巧,值得借鉴。

第四节 针对不同阶段的汉语词汇教学

任何一种教学活动中,教师在传授知识的过程中,调动学生的一切感观积极思维,合理认同以及顺利沟通的双向或多向的交

---

① 详见第七章第一节。

流，是学生将知识内化再外化的过程，也是通过训练将知识外化为技能的过程。语言教学必须在科学、有序的技能训练中才能获得成功。教师应该融入学生的学习世界中，观察了解他们的知识、能力发展到每一个阶段的各种表现和需求，然后使自己的教学内容和方法适应该阶段的学习特点，满足学生的学习需要。因此，针对学生的不同汉语水平进行阶段性的研究是十分必要的。

李杨（1993）指出，"基本掌握一种语言，大致可分三个阶段，即：初级阶段，言语系统发动，基本言语能力形成；中级阶段，交际能力的熟练；高级阶段，语言成为言语习惯、言语行为。"不同的教学阶段，词汇教学的目标是不同的。根据《汉语水平等级标准和等级大纲》（试行）的规定，一年级（初级）应掌握甲、乙两级常用词3000个左右，二年级（中级）应掌握甲、乙、丙三级常用词5000个左右，三、四年级（高级）应掌握甲、乙、丙、丁四级常用词8000个左右。从初级到中级再到高级，词汇教学的内容基本上是按照"实词—虚词—实词"的顺序编排的。

一、初级阶段的汉语词汇教学

词汇习得的顺序是语义系统最重要的组织原则，在语义系统中，晚期习得概念的意义是建立在早期习得概念意义基础之上的。

根据陈宝国（2004）等的研究，早期习得的词语较晚期习得的词语不仅在语音上更容易提取，而且在语义上也更容易提取。

初级阶段的词汇教学重点应放在甲级单音节词的教授上。据《现代汉语频率词典》统计，在政论、科普、口语、文学四类语料中，单音节词数为3751个，占统计总次数的12%，复合词数为27408个，占总词数88%。在全部统计材料中，单音节词出现的词次占64.3%，复合词出现的词次占35.7%。从词频上考虑，首先学好单音节词比较符合词语出现规律。从认知上考虑，单音节词词形较短，易于学习。从运用上考虑，《汉语水平词汇与汉字等级大纲》里的甲级单音节词大多数与日常生活有关，如"人、花、走、说、快"等，词义比较容易理解掌握；同时也是汉语词汇的基本词，构词能力强。掌握这些单音节词，可以为学习汉语合成词打下基础。

初级阶段，学生的母语干扰现象比较严重，中外词语搭配不当，将母语的搭配迁移到汉语中来，会引起用词不当。在平时的教学和与留学生的交谈中，这一现象十分普遍，如"存"可组成"存钱、存款、存包"等词语，于是学生便把 save energy（省力）说成"存力"。

另外，初级阶段的留学生听、说、读、写的技能才刚刚起步，汉语水平较低，汉语的课外阅读也非常有限，造成了词汇重现率低，所学词语不易被巩固和吸收的局面。此阶段的留学生大脑中的汉字和词汇也是以零散的、不系统的状态存在的。因此，初级阶段的词汇教学中，教师应尽可能多次地重现所学生词，并根据学生的接受能力，有意识地培养学生的语素观念和构词意识，适当传授语言知识，扩大学生词汇量，积累汉语词汇知识。

二、中高级阶段的汉语词汇教学
（一）"高原期"现象

进入中高级阶段的学习者已经不再满足于基本交际，他们希望可以在更深的层次交际，用汉语表达更多东西。但是他们在用汉语表述和传达信息时，往往是词汇偏误影响了他们的准确表达，于是，中高级阶段的学生常出现感觉自己的汉语能力停滞不前或进步缓慢的"高原期现象"。

该阶段留学生常出现的词汇方面的偏误主要有以下几个方面：

i. 混淆具有近似语法意义的虚词，如：

（1）我还没有朝老师请假。

例（1）中"朝"与"向"都是介词，都可以表示动作的方向，都可以带表示人的名词或代词作宾语，这些近似点引起学生混淆误用。

ii. 根据已经学过的词的意义，从字面意义错误推知新词意义，如：

(2) 在学校，他的风声不好。

例（2）中学生根据自己学过的"名声"的意义，错误推知两词同义。

iii. 词性误用，如：

(3) 有的时候你很单独……

例（3）中，"单独"是副词，误用为形容词了，应改为"孤独"。

iv. 近义词辨析错误，如：

(4) 又没有什么贵重的经验。

例（4）中，"贵重"和"经验"不搭配，改为"宝贵"比较合适。

v. 生搬硬套成语，如：

(5) 我做的事情都是单枪匹马的。

由此看出，在中高级阶段，词汇教学仍然非常重要，我们应该加以重视。进行词汇教学不仅仅是讲生词的意义，还应该将生词出现的句法环境说清楚，测验不应该仅仅是听写生词，更应该测验学生能否在句子中正确地运用这些生词。同时应该加强"词语辨析"训练，尤其是近义词辨析，这样才能够使学生全面地掌握这些生词，以便在写作中更好地运用。此外，在中高级阶段，学生对成语非常感兴趣，所以教师应该积极加以引导，使学生真正弄清楚成语的意思及用法。

（二）影响中高级水平留学生汉语词汇识别的因素

冯丽萍（2003）对中级汉语水平、非汉字背景的外国学生在中文词汇识别方面的实验结果显示：

(1) 汉字的笔画数是影响词汇识别结果的因素之一，多笔画字构成的词语一般识别困难，但笔画数与其他因素共同作用影响其词汇识别。

(2) 熟悉度是影响词汇识别方式的直接因素。熟悉度高的词语倾向于被作为一个整体进行加工，而熟悉度低的词汇识别中他们会有意识地借助词素信息，尤其是容易识别的首词素信息对整词加工具有促进作用。

(3) 中级汉语水平的外国学生已经开始具有一定的词素意识，并将其运用于中文合成词识别中。这种语言意识的发展来源于汉语水平的提高和汉语词汇量的积累，也来源于课堂上语言理论知识的讲解和训练。但他们的中文词素意识尚处于发展过程中，他们对合成词的词汇结构、对两个词素之间的语义关系还不敏感。

(4) 除了词汇本身的因素外，学习者所在的语言环境、教学方式、课程设置、母语与目的语的关系等因素都会影响外国学生的中文词汇加工。对于在母语环境中学习汉语的中级水平外国学生来说，课本中复现率不高、字形特征复杂、母语中没有对应项目的词汇识别比较困难。

(三) 教学建议

中高级阶段应当在词汇积累的基础上帮助学生了解汉语词汇系统的特点，自觉培养和提高汉语词语知识，培养汉语词汇系统的概念。

(1) 中高级阶段词汇量进一步增加，学生在学习词语时既要面对旧词的复习巩固，又要注意新词的记忆运用，常会产生记得慢忘得快的现象。

根据外国学生中文心理词典的建构模式和词汇加工方式，重视语素的意义关系，重视词语语法功能的讲解，适量地安排语言理论知识的讲解，帮助学生了解汉语语言系统的性质与特点，帮助学生建立汉语词汇系统的概念。对于汉语这样一种词根语来说，在词汇教学中，应该合理系联和区分相关词汇，包括形近、音近、义近词等，使他们形成词汇系统的概念，并在该系统中确立所学词汇的位置；重视词素的语义关系和语法功能的讲解，将汉语的构词法与汉语的语言性质相结合，培养学生的词素意识；在教学内容上要依据不同的标准确定重点词与难点词，对于难点词语的确定应该考虑多种因素，例如词语的字形特征、组合方式、使用环境，学习者的母语背景、学习阶段、语言水平等，帮助他们在心理词典中形成合理有效的汉语词汇表征系统，提高语言学习能力。

（2）根据外国学生中文词汇加工规律的发展模式，有针对性地确定教学内容和教学方法。尤其是近几年针对某一地区、某个国别、为在母语环境中学习汉语的学习者编写的教材开始出现，在这些教材的编写上，重点词语的复现率、难点词语的确定、母语与汉语的关系、语言学习的阶段性特点等都是应当考虑的因素。

（3）词语的释义首先应该与课文内容紧密相连，利用课文的语境对词语的特殊附加意义、用法特点进行清楚准确的解释。在此基础上，对词汇的其他义项进行提示和重现，以达到温故而知新的目的。要关注词语的辨析、对比的针对性和词语使用的条件，以此来避免和减少已学词语的干扰。比如《桥梁——实用汉语中级教程（上）》第二课中的生词"搭"，书中的义项义是"乘坐（车、船、飞机等），如果教师不联系课文——"他为了一件要紧的事情，要搭火车到上海去"，学生便不太好理解该义项。

（4）引导学生从语境的角度理解词义。词语在不同的语境中的语义往往大不相同。教师应该引导学生建立语境概念，语境信息的输入是中高级阶段的汉语作为第二语言的教学中重要的教学内容和手段。利用语境激活词语，防止学生回避新学过的词。

（5）注重词语的语法意义的掌握。在中高级阶段，随着词语意义的复杂化，词性与句子成分之间的关系更趋复杂，词语的语法意义可和句子成分联系起来。教师可在词汇教学中，说明某词在句中作何成分，以及作该成分的限制条件，可避免学生在使用中的一些错误。

（6）对中高级阶段的学生，可以进行适当的猜词训练。刘颂浩（2001）对学生的猜词能力进行了测试和调查，他认为至少有四个因素对猜词有影响：词的内部构造、一字多义、语境和学生语言水平等。

本章参考文献

1. 常敬宇：《汉语词汇的网络性与对外汉语词汇教学》，载《暨南大学华文学院学报》2003年第3期。

2. 陈宝国、王立新、王璐璐、彭聃龄：《词汇习得年龄和频率对词汇识别的影响》，《心理科学》2004年第5期。

3. 崔永华、杨寄洲：《汉语课堂教学技巧》，北京语言大学出版社2002年版。

4. 樊青杰、白欣艳：《中高级阶段留学生汉语写作偏误分析》，《现代语文（语言研究版）》2007年第9期。

5. 冯丽萍：《中级汉语水平外国学生的中文词汇识别规律分析》，《暨南大学华文学院学报》2003年第3期。

6. 高占祥：《新三字经》，中国人民大学出版社2008年版。

7. 胡鸿、褚佩如：《集合式词汇教学探讨》，载孙德金主编：《对外汉语词汇及词汇教学研究》，商务印书馆2006年版。

8. 李杨：《中高级对外汉语教学论》，北京大学出版社1993年版。

9. 刘颂浩：《关于在语境中猜测词义的调查》，载《汉语学习》2001年第1期。

10. 卢福波：《对外汉语常用词语对比例释》，北京语言大学出版社2000年版。

11. 马玉汀：《放射状词汇教学法与留学生中文心理词典的建

构》,载孙德金主编:《对外汉语词汇及词汇教学研究》,商务印书馆 2004 年版,第 263 页。

12. 梅家驹、竺一鸣、高蕴琦、殷鸿翔:《同义词词林》,上海辞书出版社 1983 年版。

13. 彭增安、陈光磊:《对外汉语课堂教学概论》,世界图书出版公司 2006 年版。

14. 温晓虹:《汉语作为外语的习得研究——理论基础与课堂实践》,北京大学出版社 2008 年版,第 229 页。

15. 杨寄洲、贾永芬:《1700 对近义词语用法对比》,北京语言大学出版社 2005 年版。

16. 周健、廖暑业:《汉语词义系统性与对外汉语词汇教学》,载《语言文字应用》2006 年第 3 期。

17. 曾立英:《关于对外汉语词汇教学系统性的探讨》,载《民族教育研究》2010 年第 2 期,第 124—128 页。

18. 周健主编:《汉语课堂教学技巧与游戏》,北京语言大学出版社 1998 年版。

19. Krashen, S. 1982 Principles an Practice in Second Language Acquisition, New York: Pergamon Press.

20. Lyons, John. *Linguistic Semantics: An introduction* [M]. Cambridge: Cambridge University Press, 1995, 77, 78—80.

21. 于江生、俞士汶:《中文概念词典的结构》,载《中文信息学报》2002 年第 4 期。

22. Dong Zhendong. Knowledge description: what, how, and who? [A]. Manuscript & Program of International at Symposium on Electronic Dictionary [C]. Tokyo: 1988, 8.

第六章　第二语言词汇偏误分析

偏误分析是以认知心理学为基础的，这也反映了汉语词汇第二语言教学中的"认知观"。汉语词汇偏误是大量的，本章分析词汇偏误的表现及根源，力求将一些第二语言学习者常见的词汇偏误归类，分析汉语词汇偏误的根源及教学策略。

第一节　词汇偏误的产生

在第二语言习得过程中，学习者由于缺乏语感并受到母语词汇知识的干扰，很容易产生词汇错误。词汇错误可包括失误（mistake）和偏误（error）两种类型。根据英国应用语言学家 Corder (1967) 的观点，失误是指在某种情况下偶然产生的口误或笔误，这种错误不成系统，说话者一般能自己检查出来并加以纠正，是母语者或非母语者都会发生的。偏误是对目的语语言项目的正确形式或规则的偏离，这种错误自成系统，具有规律性，学习者难以自觉发现并纠正，因此常常会重复发生。① 所谓偏误分析，就是发现第二语言学习者产生偏误的规律的过程，包括偏误是怎样产生的，不同国别的学习者在不同的学习阶段会产生什么样的偏误等等。偏误分析把第二语言学习者的偏误作为研究对象，它所关注的是学生所使用的目的语形式（实际是中介语）与目的语的规

---

① 转引自高燕：《对外汉语词汇教学》，华东师范大学出版社 2008 年版，第 135 页。

范形式之间的差距,以及造成这些差距的原因。①

偏误的产生是第二语言学习者经常遇到的现象,虽然教师都不希望学生出现偏误,偏误分析理论使我们转变了对学生出现偏误的态度。

偏误分析是以认知心理学为基础的。认知心理学认为,语言习得的过程是学习者不断地组织完善其语言形式与语言规则的过程。学习者根据对语言的不完全观察去归纳某些规则,然后再运用这些规则来创造性地使用语言。在这一过程中,他们要不断地对输入的语言素材进行推理假设,然后去试验,经过试验发现偏误,再修正他的假设,再试验,再找出偏误,再修正。如此循环往复,他的假设不断接近第二语言的标准形式。由此可见,在课堂上,学生的假设本身就包含了存在偏误的可能性,在试验中出现偏误是难免的。因此,教师应该允许学生出现偏误。

以行为主义心理学的"刺激—反应"为基础的"听说法",主要是控制学生的"输出",采用句式变换、替换、扩展等方法控制学生的"输出"。这种机械式的操练中,学生根据提示,只要稍作变动,就可以作出正确的"反应",即使偶尔出现错误,也很容易纠正,机械操练作为课堂教学的手段,是可以使用的,如果作为教学目的,则是无效的。②

偏误可以从多种角度进行分类,从语言要素的角度分为语音偏误、词汇偏误和语法偏误。本章将着重探讨词汇偏误。但我们认为,词的用法出现错误,表面上看是用词不当,实际上词的用法和语法是紧密联系的,所以语言学的本体研究中,即使研究词汇也讲究词汇和句法的"接口",本章虽然谈的是词汇偏误,但不

---

① 引自鲁健骥:《中介语研究中的几个问题》,载《对外汉语教学思考集》,北京语言大学出版社1999年版,第4页。

② 引自鲁健骥:《偏误分析与对外汉语教学》,载《对外汉语教学思考集》,北京语言大学出版社1999年版,第15页。

可避免地涉及语法问题，有时也涉及语音问题。比如词性的错误，语序的不当等，就不单纯是词汇问题，只要能真正分析出用词偏误的根源，可以将词汇分析和语法分析结合起来。

第二节 汉语词汇偏误的表现及根源

20世纪七八十年代，英语作为第二语言的习得研究已经表明，在各种类型的言语错误中，词汇错误是最严重的。就某一语料库的统计分析来看，词汇错误与语法错误的比例是3∶1（参见Gass & Selinker, 1994: 270）。[①]

词汇偏误是大量的，而且几乎是随着学习的开始就发生了。随着词汇量的增加，发生的词语偏误也越来越多。

我们在教学中，从学生的作文、综合课作业及口语交谈中获得了一些真实的语料，发现有很多词语的用法"不符合中国人的习惯"，分析这些错误，发现词语的偏误有一些共性的地方，也有个性的地方。

根据表现形式的不同，汉语词语的偏误可以分为多种类型。由于分析的角度不同，看待偏误的原因和类型也可能会有差异。高燕（2008）将汉语词汇偏误分为18种类型。张博（2008）将词汇偏误概括为三种类型：词语误用、自造词语、径用母语词。

本章力求将一些第二语言学习者常见的词汇偏误归类，将偏误分为语义偏误、搭配偏误、糅合偏误、韵律偏误、量词错误、"了"字冗余错误、篇章偏误、汉外同形偏误等几种类型，进而探讨第二语言学习者产生词汇偏误的根源。

[①] 转引自张博等：《基于中介语语料库的汉语词汇专题研究》，北京大学出版社2008年版，第8页。

一、语义偏误

留学生的作文、作业和口头表达中,很多词的语义表达存在问题,词的理性意义、感情色彩、语体色彩都可能存在问题,如:

(1) *我到别的国家的时候,刚刚下了飞机,我注意的第一个事情是<u>哪里</u>的气味。①

例(1)中,很明显,学生把"那里"误用成了"哪里",前者是指示代词,后者是疑问代词。另外,二者的字形、字音都比较相近,很容易混淆。

(2) *过了<u>怎么</u>久它对我来说都一样很重要。

这个例子把"这么"误用成"怎么",一个是疑问代词,一个是指示代词,适用的句子语气不同,"怎么"是疑问语气,而"这么"是陈述语气。造成偏误的原因是语义和语音的混淆。

(3) *还有我真想家人,十个月离他们这么远太难以忍受,盼望他们跟看我<u>去</u>中国或者有很快又便宜去法国的办法。

这个句子至少有两处错误,一处是汉字错误,将"跟着"写成了"跟看",这是偶然性的错误,还有一处是"去中国",应该改为"来中国",这里句中的"我"是在中国,"盼望家人跟着我来中国",距离说话人近的动词应该用"来"。

(4) *我无比激动的心情向您递上这份求职信,非常感谢您在<u>忙乱</u>之中能阅览。

这里的"忙乱"应改为"百忙","忙乱"是贬义的,"百忙"是褒义的。

(5) *这一个月之间,我得到了<u>形形色色</u>的经验。(《我的留学生活》)

---

① 这里的"*"代表这个句子不能说,下文的"?"表明这个句子介于可说和不可说之间。

这里"形形色色"和"各种各样"弄混了，但为什么会发生这样的错误呢？查阅了《现代汉语词典》，发现对"形形色色"解释为："形状态词。各种各样。"这里词典的解释也诱导学生产生混用。通过对语料库的搜索和分析，发现"形形色色"多为贬义色彩，有少数是客观的"中性色彩"。在北京大学 CCL 语料库的检索中，发现直接有"各种各样的经验"的用例 3 条，"形形色色的经验" 0 条，后文第七章第二节有检索介绍。

(6) *女人节快乐！一分钟以后！

"女人节"应为"妇女节"，"女人"和"妇女"的语体色彩不同，"妇女"较"女人"正式，书面语体。

(7) *老师好！我是×××，是越南留学生。庆祝老师教师节愉快！身体健康！（学生短信 2009 年 9 月 10 日）

《商务馆学汉语词典》对"庆祝"的解释是"为大家共同的喜事举办纪念活动"，对"祝"的解释是"对人对事表示良好愿望"。这两个词的语义范围不同，"庆祝"一般用于大的范围和庄重的场合，而"祝"则用于比较小的范围或场合。

(8) *第一次看那么多的鞭炮，我兴奋地看那情景。

这里单音节动词"看"应为双音节词"看到"或"看见"，表示"看"的结果。

二、搭配偏误

搭配偏误主要是词语和词语组合时产生的偏误，主要体现在动宾搭配不当、不及物动词带宾语偏误、定中搭配不当、主谓搭配不当、状中搭配不当、介宾搭配不当、词性偏误等方面，在这里一一列出。

(一) 动宾不搭配

动词和宾语不搭配，如：

(9) *昨天我参观了李老师。

"参观"后应接处所名词做宾语,而不能接指人的名词或人称代词。此句中的"参观"应为"看望"或"拜访",偏误的原因可能在于学习者将"参观"与英语的"visit"完全对应起来,产生了偏误。

(10)＊当他来家门口接海伦时,海伦就<u>脱</u>下眼镜。

此句中的"脱"应为"摘"。"脱"后的宾语常为表示衣物的名词,如"脱衣服"、"脱鞋";"摘"的宾语可以是戴着或挂着的东西,如"摘眼镜、摘手表、摘帽子"等。

(11)我敢说若贵公司<u>采用</u>本人的话,绝对不会后悔的。

这里"采用"后常接"方法、战术"等词,而"录用"后则可接"指人"的名词,如"录用"工作人员,所以"录用"后接名词有［＋人］这一义素。

(12)＊我真<u>谢</u>母亲为我做了那么多。我一辈子都无法忘记。

这里的"谢"应为"感谢",根据《汉语动词用法词典》,"谢"可以带名词性宾语,不可接"兼语",而"感谢"则可以后接兼语,如"感谢你救了她"。

像例(11)、(12)中的"采用、录用"、"谢、感谢"都是同义词,这些动词都和后面所带的宾语搭配不当,再如:

(13)＊运动对身体健康有好处,也让人<u>发射</u>压力或者怒气所以对精神健康也有好处。

例(13)中的"发射"应改为"释放"比较合适,学生选词错误是根据英汉词典翻译过来的。

汉语有些动词本身是动宾式复合词,是VO结构,如"结婚、辞职、见面、毕业、满意"等,这种类型的动词后面一般不能带宾语,但留学生常在这一类动词的应用上犯错误,如:

(14)＊我真佩服他唱的歌,因为他<u>唱歌</u>祖国,他<u>唱</u>甜言蜜语!

"唱歌"和"歌唱"是同素逆序词,相同的语素,不同的排列顺序,但"歌唱"可以带宾语,而"唱歌"由于是动宾式的离合词，所以不能再带宾语。

(15) *出去大门口看见很多人也在等着他们的亲戚朋友下机……

"出去"一般不会在后面直接带处所宾语，所以这句可改成"从大门口出去，看见很多人也在等着他们的亲戚朋友下机"。

(二) 不及物动词带宾语

汉语动词也有及物动词和不及物动词之分，留学生有时忽略了这一点，常出现不及物动词带宾语的错误。如：

(16) *妈妈并没有给我们出生一个婴儿，但是那时候父母买了一只小狗拿它回家来。

"出生"是不及物动词，而作为"生养"的"生"是及物动词，此处应为"生"。另外，"婴儿"也应改为"孩子"，"生孩子"才是正确的动宾搭配。

(17) *刚开始留学我一心只想逃跑父母的控制。

"逃跑"是不及物动词，后面不能带表对象的宾语；而"逃避、逃离"都可以带对象宾语，是及物动词，所以例（17）可以改为"逃避"或"逃离"。

(18) *回来宿舍，我们俩都很累要快睡觉。

"回来"与"回到"在及物性上是不同的，"回来"是不及物动词，而"回到"是及物动词，如"回到拉萨"。

徐杰（2001）谈到："众所周知，'及物性'是动词的一种特性，它指的是动词是否具有带宾语（实为'受事'）的潜在能力"。根据"及物性"特征，动词一般被分成及物动词和不及物动词两个大类。这种传统分类是《马氏文通》以来几乎所有的汉语语法著作都要涉及的问题，但是由于它是一个"界限不清的类"（吕叔湘1979），因而能不能这么分类，要不要这么分类，也一直存在争议。

尤其值得注意的是，"及物性"不能只是单纯地考虑动词和名词的搭配问题，有的动词不能单独和名动词搭配，如果这一动作的施事（或者受事）作为定语出现，这一动宾关系就得以维持。例如：

(a) 离开了（大家的）帮助/（这种）帮助——*离开了帮助

(b) 反映了（群众的）建议/（这种）建议——*反映了建议

(c) 粉碎了（敌人的）进攻/（一次次的）进攻——*粉碎了进攻

(d) 记录了（他们的）谈话/（一次次的）谈话——*记录了谈话

(e) 促进了（文艺创作的）繁荣/（某种）繁荣——*促进了繁荣

(f) 刺激了（石油生产的）发展/（某种）发展——*刺激了发展

比如 a 例中"离开了帮助"不能说，但是"离开了大家的帮助"和"离开了这种帮助"可以说。这里如果把"帮助"看成一个"参与者"的话，那么"大家的"和"这种"就是"范围"成分。这样把"及物性"放在一个"小句"中考虑，比单纯考虑动词的搭配要合理一些。

不光是名动词做宾语有这种情况，如果宾语本身是抽象名词，也有这种情况。即宾语必须带上定语加以限定，如：

(g) 包含（复杂的）因素/（种种）因素——*包含因素

(h) 呈现（美好的）景象/（某种）景象/——*呈现景象

(i) 成为（时代的）缩影/（这种）缩影——*成为缩影

(j) 体现了（民主的）作风/（这种）作风——*体现了作风

(k) 表现了（刻苦的）精神/（这种）精神——*表现了精神

(l) 驳斥了（对方的）意见/（那种）意见——*驳斥了意见

再如邢福义（1991）提到及物动词后面有一种"非常规宾语"的代入现象，比如"靠山吃山"的"山"是什么类型的宾语？又如"今天吃小李"中的"小李"是什么类型的宾语？为什么"吃山"和"吃小李"可以说？这里涉及一个知识背景问题。常识性越强，带有代体宾语的格式的使用频率越高，人们对这类格式的习惯性也就越大，比如"陪床"、"接车"等等。

（三）定中搭配不当

定语和中心语搭配不当，如：

(19) ？我一生中最大的爱（作文题目）

询问这位保加利亚学生，她想表达的英文是"the biggest love"，"爱"的程度在汉语中是用"深浅"来表达，所以改为"我一生中最深的爱"。

留学生常在当用"日子"或"天"时误用"日"[①]，如：

(20) *第一次见面的日，那天我很忙我迟到一个小时，我对她不怎么感兴趣，但是我一见她就喜欢。

留学生还经常将"……的时候"用成"……的时"，如：

(21) *当他到火车站的时，火车就开始出发了。

(22) *第二天的时，我们吃早饭以后去沙模。

例（21）、（22）的定语和中心语用"的"连接时，后面的中心语应该是双音节词"时候"。另例（22）"沙漠"的"漠"写成了"模"。

印尼学生经常在当用"喜欢"时误用"高兴"，如：

(23) *我们进了一个书店，买一本我很高兴的可米书。

（四）主谓搭配不当

主语和谓语的顺序颠倒，如：

(24) *现在时间急了，他应该跑地去火车站。

"时间"可以说"紧张、很紧"，但不能说"时间急了"，可以说"某人急了"。

[①] 在划分句子成分时，我们把"的"看做定语的一部分。

(25) *最近在我的生活中发生了很大的变化，在我心里悄悄地开了一扇小门。

例（25）缺主语，所以应该删除"在"，改为"最近我的生活发生了很大的变化"。

(五) 状中搭配不当

状语和中心语的搭配也有偏误，如：

(26) *偶然我也会和朋友逛街。

这里的"偶然"应改为"偶尔"，根据《1700 对近义词语用法对比》，"偶尔"与"经常"相对，常用来作状语；"偶然"与"必然"相对，可以作状语，也可以作定语和补语。句子想表达的是"不经常"义，所以这里用"偶尔"比较合适

(27) *我觉得养动物是必须要付责任。所以我不能轻盈的去养一只狗。

例（27）有 3 处错误，一是"负责任"的"负"误用为"付"，二是"是……的"句，缺了后面的"的"，最后一处是状语和中心语的搭配不对，作者原来可能是想表达"轻易地去养一只狗"，结果由于语音的相似，而把"轻盈"误用为"轻易"了。

(六) 介宾搭配不当

介词和宾语搭配不当，如：

(28) *老师说学生跟学校附近很熟悉。

例（28）中的"跟学校"应为"对学校"，根据《现代汉语八百词》的解释，"对"有指示"动作的对象；朝；向"义，如"决不对困难低头"；而"跟"做介词时，指示"与动作有关的对方。只跟指人的名词组合"。例（28）错误的原因在于把"跟＋指人名词"这一规则泛化了。另外，产生这一偏误的原因还可能是汉英对译造成的，"对"英语可译为"toward；to"；"跟"英语可译为"with；to；from；as"等，二者有重合之处。

(29) *我是 2005 年夏天认识你的。那时你对我留下了很深的

印象。

例 (29) 中的"对"应改为"给",根据《现代汉语八百词》的解释,"给"做介词有"引进交付、传递的接受者"的意义。"给"的义项中有"交与,付出"义,而"对"则没有这一义项。

(七) 词性误用

词性误用指把名词当成动词用,把形容词当动词用等,词性误用也可以引起搭配不当,如:

(30) *在第二次世界大战结局以后,冲绳成为美国的植民地,那个时候很多美国文化流到冲绳。

上例中"第二次世界大战"应该和动词"结束"搭配,而不能和名词"结局"搭配。另外,"殖民地"也写错了。

"发展"与"发达"是很多留学生用混的词,如:

(31) *中国的经济很发展,这样发展下去,中国将成为世界经济强国。

(32) *现在中国越来越发展,我们韩国和中国的交流也越来越多。

(33) *韩国首尔就是沿着汉江边发达的城市。

造成例 (31)、(32)、(33) 错误的原因可能是没认识到"发展"与"发达"的词性不一样,"发展"是动词,后可接"着、了、过"等动态助词或趋向补语;"发达"是形容词,可以受程度副词的修饰。

(34) *比及我抬头往上看,我就好奇地问司机夏天是不是常常很大雾。

(35) ?总而言之是我生命中最精彩的、最收获的日子。

例 (34)、(35) 都犯了"很/最+n"的错误,汉语中能直接受"很"修饰的名词很少,比如"很淑女、很男人"之类的用例,一般"很/最"是不直接修饰名词的。

三、糅合偏误

所谓糅合偏误，是把两种相关但又不能同时选择的语言形式糅合在一起形成的偏误。如

(36) ？我在一本杂志上看了一篇文章，说明的是好看的人更容易能找到工作，(这)让我大吃一惊。

"更容易"和"能"糅合在一起，反而造成了偏误，去掉"能"即可。

(37) ？那个上司肯定会骂他，也可能会让他赶走。

"让他赶走"可以是两种句式的杂糅，一种是"让他走"，还有一种是"赶他走"，而这两种形式是不能糅合在一起的。再如：

(38) ？首尔到处有很多公园。

这里的"到处"和"很多"糅合在一起，实际上只用一个即可，换成"首尔到处有公园"，或者"首尔有很多公园"就正确了。

四、韵律错误

韵律语言学的研究成果也可借鉴到第二语言教学中来，如"浇灌花、种植树"等双音节动词带单音节宾语的现象就不符合韵律，再如"他的腰累弯曲了"、"她的嗓子哭嘶哑了"中，单音节动词后带双音节补语的句子也不能说。还有学生出现了"韩国的健康食"这样的标题，都是属于韵律方面的不协调，经课堂提示，有的学生建议将此标题改为"韩国的健康美食"，这样标题在韵律上就比较协调。再如：

(39) *泡菜已受了世界人们的欢迎。

这里的单音节动词"受"应改为双音节动词"受到"，全句可改为"泡菜已受到世界人民的欢迎"，或者改为"泡菜很受世界人民的欢迎"。

(40) ？如果你已经有很好的女朋友，但，还没有求婚，正要准备的话，你可以坐汉江游船，表达你的心。

"表达你的心"可以换成"表达你的内心",这样可以让韵律更协调。

(41)？我们好像能制造最理想的社会似的热烈地<u>谈了谈</u>。

例（41）中,"热烈地"后应该带双音节词比较符合韵律,而且"谈了谈"口语色彩比较浓,和整个句子的语体风格不一致,所以将"热烈地谈了谈"改为"热烈地交谈"。

五、量词错误

汉语的量词是一个教学重点,学生对于量词的准确把握实际上也在一定程度上反映了学生的语言水平。学生很容易将量词"个"泛化,如：

(42)＊他有一双很大的棕色眼睛,一个尖尖的小鼻子,一个心形也红红的嘴,一<u>个</u>比较长也有一点卷的金头发。

(43)？胡志明会六<u>个</u>语言,其中有英语、法语、俄语、汉语等。

例（42）中"一<u>个</u>比较长也有一点卷的金头发"应改为"一<u>头</u>比较长也有一点卷的金头发"。例（43）中"六个语言"应改为"六<u>种</u>语言"。

留学生还在不需要使用量词时,使用了量词。有些抽象名词不能与量词搭配,如"妇女自古以来不是<u>个</u>完全的人格",其中的量词"个"是冗余的,再如下面的例（44）：

(44)？也可以说三星是<u>个</u>韩国的企业代表。

六、"了"字冗余错误

"了"字冗余在留学生作文中特别常见,如"了"一般是不和能愿动词共现的,但例（45）、（46）都犯了这个错误：

(45)＊这一天我能去<u>了</u>三个沙滩。

(46)＊老师,我在准备我的演讲所以我会迟到<u>了</u>。

用"没"的否定句里的动词后面一般不能再有"了",例(47)就违反了这个规则:

(47)＊对不起,我没写完了作业。

表示连动式的动词后一般不带"了",但例(48)、(49)都加了"了"。

(48)＊跟一些突尼斯高中学生一起去了旅行。

(49)＊我就去服务处告诉了老二的名字。

七、语篇偏误

留学生语篇意识的培养,也是和词汇教学有一些关联的,下面我们主要就"这"与"那",代词的照应和关联词语的运用等问题探讨一下。

"这"与"那"这两个指示代词,在汉语篇章的衔接中起着很重要的作用,但我们发现,留学生的作文中,有的学生很少用"这"、"那"等指示代词,采取了"回避"策略,如:

(50)＊考这么严格的考试后被选的优秀职员是三星公司越来越成长的原因之一吧。(考这么严格的考试后选优秀的职员,这是三星公司越来越成功的原因之一吧)

例(50)改用"这"来指代,整个句子可以成为一个整体,符合句子的语篇表达。

学生对于"这"和"那"这两个近指代词和远指代词,很容易弄混,如:

(51)＊如果你来吉尔吉斯斯坦,你真的不后悔来那儿旅游,你可看见的地方多极了。

例(51)的作者是吉尔吉斯斯坦人,应该是"如果你来吉尔吉斯斯坦,你真的不后悔来这儿旅游",而且这里用的动词是"来",表示说话人是在吉尔吉斯斯坦。

学生作文的篇章偏误中,有一个比较严重的问题就是,学生在该省略代词的时候不省，尤其是人称代词"我"，"我"重复得过多，甚至于一个小句中没有其他人称出现时，也多用"我"，曾经纠正过，但是效果不明显。比如：

（52）？虽然我还很年轻，但是我经历过的事件许多。

（53）？我无法离开你，但我独自过日子时我却一直想你。

（54）？我从报上看见本公司的招聘员工启事。我对这个工作十分感兴趣，觉得很适合本人。

（55）？我整整号啕大哭了半天。我生全世界的气。再说我爸爸还在火上浇油："你发火了，那么就是你的不是喽。"

关联词语是篇章衔接的一个重要手段，学生若能正确使用套合关联词语，整个语篇就会比较顺畅。但是学生即使到了中、高级阶段，对于关联词语的使用还是有很多疑惑，如：

（56）？还有我现在也知道结婚以前要好好考虑因为结婚以后，生孩子以后就离婚绝对不行。

例（56）中的"就"应该改为"再"，"再"表示动作的先后，例（56）想表达的是事件的先后，而不是"事件的紧连"。

（57）＊的确这个孩子给姐姐带来很多麻烦。不是姐姐养他养得不好，也不能说他是一个小皇帝，但是父母的话他一点儿也不想听，想做什么也做什么。

上面例（57）其实在语篇的表达中注意到了关联词语的应用，用到了"不是、也、但是"等关联词语，整个语篇表达比较顺畅，只是有一处关联副词用得不妥当。例（57）中的"想做什么也做什么"中的"也"改为"就"，表示"两件事紧接着发生"。

八、汉外同形偏误

有的汉字文化圈的学生在汉语表达时径自使用母语中的汉字词，例如韩语词汇中，汉字词占一半以上，受此影响，韩国学习者的句中很容易发现由同形词造成的偏误：

(58) *他买的片道票，我买了往复票。

(59) *给他们安眠药和镇静剂，不如消除他们对死亡的恐惧更加贤明。

(60) *韩国人不喜欢输入汽车。

例（58）中的"片道"和"往复"都是韩语中的汉字词，意思分别相当于"单程"和"往返"的意思。例（59）中的"贤明"应改为"明智"，造成此偏误的原因是汉语的"明智"和"贤明"在韩语中对应的都是"贤明"。例（60）中的"输入"相当于韩语中的"进口"义。

日语中也有与汉语书写形式相同的词，以日语为母语的汉语学习者也会发生汉日同形词方面的错误，如：

(61) *我来中国以后，第一次经验北京的夏天。

(62) *星期四我们有汉语试验。

日语的"经验"一词在意义和用法上大致对应于汉语的"经验"和"经历"两个词，因此日本学生常将经验用作"经历"，如（61）例；日语的"试验"既有汉语"试验"义，还有汉语"考试"义，词的义项多于汉语，故造成例（62）的偏误。

第三节　汉语词汇偏误的根源及教学策略

偏误的产生有多方面的原因。有内部原因，主要指与学习者的学习策略有关的因素，也有外部原因，主要指教材、教师、词典等方面的因素。正确处理偏误是第二语言教学中一个重要的教学环节。

一、偏误产生的根源

偏误有的是由一种因素造成的，有的则是由多种因素共同作用的结果。以下我们将从母语的负迁移、目的语的负迁移和汉语词语的音义相近易混等三个方面来探讨汉语词汇偏误的根源。

(一)母语的负迁移

本族语、本族文化对学习目的语有推动作用,也有干扰作用。推动作用,即正迁移作用,基于对目的语和本族语的正确的对比分析;干扰作用则源于在目的语和本族语之间作不恰当的对比。

在第二语言学习中,学习者由于缺乏语言学的知识和学习外语的经验,通过自觉和不自觉的比附去理解和使用目的语,是很普遍的,也是很自然的。当这种比附不适用于目的语的规则时,就会造成使用上的偏误。如:

(1)我记得我朋友的生日时,我们从八点晚上一直到三点早上不停的跳。

例(1)中的"八点晚上"和"三点早上"都不符合汉语的习惯,汉语是先说大的时段,然后再说小的时刻,即汉语说"我们从晚上八点一直到早上三点不停地跳"。

(2)我们去了中国化学老师的房子。

教材中的"房子"和"家"都译为"house",所以学生分不清二者的区别,这也和教材"多词一译"的方式有关。

(3)上网查了冲绳的民族衣装,冲绳的民族衣装是很漂亮,有很多颜色。

例(3)出自于一名日本学生,她将"服装"误用为"衣装"了,是这位日本学生直接把日语中的"民族衣装"迁移过来了。

(4)我们第一天晚上跟前辈去吃饭。(我们第一天晚上跟师兄去吃饭)

例(4)中的日本学生在作文中介绍的是"师兄",但却用成了"前辈"一词,原因是日语里有"先辈"一词,表示的是同辈的"师兄"或"师姐",日语和汉语在"前辈"这个称呼上有区别,直接迁移就会形成负迁移。

(5) 鸡很胖的时候她要卖好价钱。

"胖"和"肥"都共用"fat",但是"肥"除了"减肥"、"肥胖"以外,不用于描写人,只用于描写动物或衣物等,"胖"可以描写"人"。

由于母语的迁移影响,汉外对译词极易形成学生心理词库中的易混淆词。比如英文注释相同的汉语词,在留学生看来,可能是同义词,如"搬"和"动"都有"to move"义,"穿"和"戴"都有 to wear 义,"主意"和"意见"都有"idea"义等等,像这些同义词,学生容易出现偏误。解决此类问题,可以建立对外汉语易混淆词词库,搜集学生的偏误信息,分析学生偏误产生的原因和根源。

本书通过对《汉语水平考试词汇与汉字等级大纲》中的甲级词和乙级词中英文注释相同的词进行了抽取,已抽出 44 个同义词,列成 19 组,摘录如下:

(1) 主意、意见;(2) 应该、该;(3) 作用、影响;(4) 使用、用;(5) 再、又;(6) 咱、咱们、我们;(7) 祝、祝贺;(8) 装、运、搬;(9) 词、字;(10) 做、作;(11) 失败、败;(12) 帮、帮忙;(13) 薄、细、瘦;(14) 保、保护;(15) 宝贵、珍贵;(16) 报到、报道(报导)、报告、报、报纸;(17) 北部、北方;(18) 城、城市;(19) 得、得到。

这 19 组同义词,大都有相同的英文注释,由此可以透视我们在词语的释义中不能仅仅根据中英文翻译来进行,这种释义过于简单。词与词的辨析要从概念意义、句法表现、语体色彩、母语解释等多方面进行探讨。比如"再"和"又",表示"重复"的意思时,英文都有"again"的意思。"再"可以说"再来","又"不可以说"又来",说明"再"用于"未完成体","又"用于"完成体"。"祝"和"祝贺"也有类似的情况,"祝"可以说"祝你取得好成绩",是"你"还没有取得好成绩,预祝的事情还没有发生;

而"祝贺"是在对方取得成功或有喜事时，向对方表示庆祝，如"祝贺你取得了好成绩"。这种同义词的辨析是从动词或句子的"时、体"上来分析的，和句法表现有关。

（二）目的语的负迁移

学习者把有限的目的语知识不适当地进行类推而造成的偏误现象，称为目的语的负迁移，也叫"过度泛化（over-generalization）"。如：

(6) 现在是日本屈指可数的游览胜地，是因为那儿的历史悠悠久久，有许多的名胜古迹或者日本传统风格的建筑。

汉语中有的形容词可以重叠，有的不可以，如"悠久"，例(6)就是将形容词的规则过度泛化了。

(7) 他备课了很好。

(8) 一登上了舞台就有些紧张，可我们都竭尽了自己的力量，上演了一个半小时很长的汉语剧。

例(6)、(7)是"了"的规则的泛化，"了"的泛化是留学生常见的毛病，本章第二节中的例(45)至例(49)也是"了"的冗余。

偏误的出现说明学生还在采用这种语言形式，在我所教的某一学期的作文中检索不出来"把"字句的偏误，原因是学生对"把"字句采取了回避策略。

（三）汉语词语的音义相近易混

汉语词汇有着自己的特点，声音相同或相近的词多，有相同语素的词多，字形相近的词也多。所以，造成了词汇的偏误，也是正常的。如：

(9) 她比我小两岁，跟我弟弟童年，我和她马上就像姐妹一样地交往。

例(9)中的"童年"应为"同年"，二者是同音词，所以引起了偏误。

在汉语中，大量复合词因含有相同的语素，在意义和书写上都有相同之处，最容易发生混淆。如"一点儿"和"有点儿"在形式上就很不容易区别：

（10）下午，要晚上的时候。我们的家都整齐了。除了厨房，还一点（有点儿）脏。

（11）水户的气候比北京有点儿温暖（水户的气候比北京温暖一点儿）。

字形相近的词发生混淆，是指学习者在书面表达中误用另一个词的字形来记录当用词。如"他"、"她"和"它"的混淆，"第"和"弟"的混淆等。

（四）教师讲解和语言本体研究的缺陷

一些词语源自教师不够准确的讲解，比如没有指出某词的语体色彩、句法功能以及该词的搭配等，未能进行同义词的辨析，只是简单地说某词和某词的意义差不多，结果造成学生的用词错误。比如学生在学习"暗暗"一词时，如果简单地说"暗暗"和"悄悄"同义，结果学生造句就出现了下列偏误：

（12）我不太喜欢跟那里的人父（交）朋友，因为他们平时经常暗暗地说别人的坏话。

（13）半夜我暗暗吃甜的东西。

（14）虽然妈妈禁止晚上吃巧克力，她暗暗吃了一片，心虚极了。

（15）他暗暗地把一些文件带走了，谁也不知道。

学生形成偏误的原因在于教师的讲解不细致，应说明二者的区别，"暗暗"多用来描写心理活动，"悄悄"用来描写动作行为。在辨析了"暗暗"和"悄悄"的区别后，学生的偏误才不会"化石化"。

另外，学生即使在中高级阶段，"了"的错误、"的"的隐现等问题频繁出现，这些现象说明语言学对于这些虚词的规律还是没有研究透彻,或者说语言学对于这类现象的解释未必清楚全面,结果势必影响学习者的进步,影响教学效果。

二、对待偏误的教学策略

偏误是第二语言学习不可避免的,如何对待偏误,如何利用偏误使学习者不断克服错误而趋近目的语也是第二语言教学的一个重要任务。首先,教师应该对偏误比较重视,搜集学生的偏误,并加以整理和归纳,在教学中对典型偏误进行重点讲解,避免偏误的继续,也能起到"偏误预警"的作用。

教师获取学习者的偏误可以通过教学实践获取,学习者的书面表达和口头表达都可以成为很好的偏误素材。比如作业、作文、考卷、请假条、翻译材料,甚至于邮件等,都可以作为学习者的书面表达素材;学习者在课堂上的回答、平常的聊天、演讲等都可以作为口头表达的素材。教师应善于发现、长期追踪并做教学笔记。教师也可针对某些词语,以合适的形式设计问卷或调查表,统计这些词语的偏误表现。偏误研究也可通过中介语语料库获得。根据张博的研究(2008),"基于中介语语料库的汉语词汇专题研究"课题组采集的中介语语料库包括 75 万字的留学生作文语料,借助语料库语言学的研究方法调查汉语中介语词汇状况或验证研究个案的典型性。

纠错是否为第二语言教学的一个必要步骤?研究表明纠错的效益是一个颇为复杂的问题,目前的结果并不一致,没有达到一定的共识。

Terrel(1977)的自然教学法、Krashen(1982)的监控模式、Schwartz(1993)都尽量避免改学习者的错,即使改错是以最合适的方式进行,仍然有可能损害学习动力与学习情绪。White(1991)、Carrol & Swain(1993)赞成改错,认为改错可能是习得第二语言的一个必要条件。①

面对偏误,也不要有错必纠。为了鼓励学生实践,教师应该把握纠错的分寸,要抓住重点进行纠错:一是本课所教的语言知识错误,二是直接影响交际的错误。如学生在念"我不是推销的,是来推荐几种特别特别好的东西"这句话时,将"推销"注音为"tuījiè",一连几次都朗读错了,虽然学生是在为汉语表演做准备,我们也纠错了,学生很乐意地接受了,如果不纠错,将影响后面学生的台词。

对待学生偏误的正确态度还可以帮助我们正确估计学生的水平。在教学中,特别是测试中,应该综合衡量学生使用汉语进行交际的能力,而不能以有无偏误和偏误多少衡量学生水平。有的学生勇于实践,总是争取机会多说多写;有的学生则羞于实践,在课堂和测试中,尽量少说少写,或者说得"保险",写得"保险"。二者相比,前者出现偏误的可能性大,后者出现偏误的可能性小。但如果全面地看,前者水平显然比后者水平高,而且应该受到鼓励。如果单纯以偏误多少论水平,就会有意无意地挫伤学生实践的积极性,不利于他们汉语水平的提高。

偏误分析可以说是认知心理学在语言学习理论中的反映,它能预测和解释学生的偏误和难点,具有较强的预测力和解释力。比如"发展"和"发达","参观"和"访问"等。一般来说,一些共同性的偏误、某一国别或某一语种的学生共同偏误,可以预知和解释,而个别人的偏误就较难预知和解释,因为学生个人特质的不同造成的偏误原因比较难于发掘。所以说,偏误可以预知和解释,但不能预知和解释所有的偏误。另外,一处偏误也可同时从多种角度进行分析,如学生把"……的时候"误用为"……的时",既可以从韵律角度分析,也可

---

① 转引自温晓虹:《汉语作为外语的习得研究——理论基础与课堂实践》,北京大学出版社2008年版,第44—46页。

以从定中搭配不当上去考虑。

本章参考文献

  1. 高燕：《对外汉语词汇教学》，华东师范大学出版社2008年版，第36、42—46页。

  2. 鲁健骥：《外国人学习汉语的词语偏误分析》，《语言教学与研究》1987年第4期。

  3. 鲁健骥、吕文华：《商务馆学汉语词典》，商务印书馆2006年版。

  4. 吕叔湘：《现代汉语八百词》（增订本），商务印书馆1999年版。

  5. 孟琮、郑怀德、孟庆海、蔡文兰：《汉语动词用法词典》，商务印书馆1999年版。

  6. 温晓虹：《汉语作为外语的习得研究——理论基础与课堂实践》，北京大学出版社2008年版，第14页。

  7. 邢福义：《汉语里宾语代入现象之考察》，《世界汉语教学》1991年第2期。

  8. 杨寄洲、贾永芬：《1700对近义词语用法对比》，北京语言大学出版社2005年版。

  9. 张博：《汉语中介语易混淆词研究》，载《基于中介语语料库的汉语词汇专题研究》，北京大学出版社2008年版。

  10. 中国社会科学院语言研究所词典编辑室编：《现代汉语词典》（第5版），商务印书馆2005年版。

第七章 语言教学资源与词汇教学

随着信息化时代的来临,语言教学资源的建设与利用都可为词汇教学、语法教学、语音教学和汉字教学等提供帮助。语言教学资源包括有各种文本、图片、CD、词典、词库、语料库、教学软件、视频、网络等各种工具,这些资源的使用可以增强词汇教学的生动性、有效性、系统性。

本章将重点解释词库与词汇教学、语料库与词汇教学及汉语作为第二语言学习词典的编纂等。

第一节 词库与词汇教学

一、词表、词库的研制

词库在词汇教学中具有重要的应用价值,一方面可便于字词的计量研究,另一方面也能为语言教学、词典编纂中文信息处理提供重要参考。

词表简单地说,就是词语的列表集。它以"词目"为主,有的还有拼音、频次等基本信息。在如今的技术条件下,来源于某个特定领域的词表很容易获得,这里主要介绍在一定的理论指导下,运用一定的方法研制而成的正式词表,这些词表一般是公开发表的。早在1959年,文字改革委员会汉字组就出版了《普通话三千常用字表》,后来的词表针对不同的用途,在20世纪90年代之前产生了十几种词表,刘英林、宋绍周概括了 16 种词表[①],如《报刊词语三千六百条》(1983)、《信息处理用现代汉语五千词表》(1985)、《现代汉语频率词典》等等,这里我们主要介绍 5 种正式的词表:

(一)《现代汉语频率词典》(1986 年)

《现代汉语频率词典》是我国第一部频率词典,出版于 1986 年,该书在汉语的语料库建设与利用和词汇计量统计两方面都做出了开创性的工作,其统计成果也产生了广泛影响。该词典的语料来源于 1979—1980 年全国通用的十年制中小学语文课本,共 179 篇作品,分为"政论、科普、口语、文学"等四大类。全书列了《按字母音序排列的频率词表》(16593 个词)、《使用度最高的前 8000 词词表》(8548 个词)、《报刊政论语体中前 4000 个高频词词表》(4000 个词)等 8 个表,5 个附录。词表直接从语料中提取而成,每个词都有在这个语料范围内的频次数与分布数。这是一个典型的共时、通用、描写性词表。这是一个统计性词表,但又充分吸取了语言学理论,在人机两方面都得到了较好的认可。

(二)《信息处理用现代汉语分词规范及自动分词方法》(1994 年)

刘源、谭强、沈旭坤 1994 年出版了《信息处理用现代汉语分词规范及自动分词方法》,其汉语分词规范部分,已于 1992 年被国家技术监督局批准为国际标准(GB13715)。该书收录的常用词词表按升序排列,词条最短的为一字词,最长为七字词,共收词 4 万条,其中一级常用词词表 7055 条,二级常用词词表 29355 条,单字词表 2606 条。该词表是根据"定量原则为主、定性原

---

① 转引自刘英林、宋绍周:《论汉语教学字词的统计与分级(代序)》,载国家对外汉语教学领导小组办公室汉语水平考试部:《汉语水平词汇与汉字等级大纲》,北京语言学院出版社 1992 年版。

则为辅的选词原则",为汉语信息处理提供的一个常用词词表。该书把词分为名词、动词、代词、形容词、数词、量词、副词、介词、连词、助词、语气词、叹词、象声词等 13 类词,《信息处理用现代汉语分词规范及自动分词方法》对于语言学中经常出现的分词方面的争议,都做了精要的说明,并加之以典型例证,如对于语言学界讨论的"前后加成分"等没有解决的问题,采取穷尽性列举,并阐明处理原则。

该书是面向信息处理的需要而制订的现代汉语分词规范,但是此规范不仅为计算机使用,也直接为人使用。该书力图用明确的语言描述每一条规则,也采用了如"结合紧密、使用稳定"之类的定性描述。

(三)《汉语水平词汇与汉字等级大纲》(1992、2001)

《汉语水平词汇与汉字等级大纲》1990 年正式列入国家汉办科研规划,1992 年出第一版。1994 年起,编者历时 5 年对《大纲》进行了词目、词序、词性标注等方面的修订,2001 年《汉语水平词汇与汉字等级大纲》(修订本)第一版出版。

《汉语水平词汇与汉字等级大纲》是在国家汉办领导下研制的,用于对外汉语教学与考试,有着明确目的与较强约束力。《汉语水平词汇与汉字等级大纲》共收词 8822 个,分甲、乙、丙、丁四个等级。其中,"甲级词"收词语 1033 个,"乙级词"收词语 2018 个,"丙级词"收词语 2202 个,"丁级词"收词语 3569 个。全部词语按级别和音序分别做了两种排列,每一词目逐一标注排列序号、词语、汉语拼音、词性、等级等。

1992 年面世的《汉语水平词汇与汉字等级大纲》"不同于一般的教学大纲,而是一种规范性的水平大纲"。《汉语水平词汇与汉字等级大纲》的编制以词语的使用频度为原则,用使用频度来衡量词语的常用程度,以进行词语筛选和确定词语的等级。在研制过程中考虑了 8 个指导性原则:①常用性原则,②均匀性原则，③科学性原则，④规范性原则，⑤实用性原则，⑥联想性原则，⑦包容性（节省性）原则，⑧序列性（等级性）原则。

《汉语水平词汇与汉字等级大纲》为我国汉语水平考试的开发和教材编写提供了明确的依据和规范，在对外汉语教学领域发挥了很大作用。《汉语水平词汇与汉字等级大纲》研发10多年来，基于《汉语水平词汇与汉字等级大纲》的讨论比较多，内容涉及到收词量问题、词频问题、口语词问题、多义词及兼类词的分级问题、联想缺位问题、收词标准、词性标注、同形词和一词多义的处理、轻声和儿化的处理、研制原则等，提出了修订《汉语水平词汇与汉字等级大纲》的若干意见。

马清华（2008）认为不少与社会生活关系密切相关的重要词汇在《汉语水平词汇与汉字等级大纲》中得不到反映，词义系统在不少方面已经不合时宜。如《大纲》有"欠（动，乙）"，没有现在的常见新闻词"拖欠"（如"拖欠农民工工资"）；有"辞职（离合词，丁）、解雇（动，丁）、失业（离合词，乙）、待业（离合词，丁）"，没有"下岗"；有已不大使用的物质文明词，如录音机"磁带（名，甲）"，但没有反映现代社会生活的词"光盘、硬盘、上网、互联网、网络、网站、装修、保安、后妈/继母、后爸/继父"等。

（四）《中国语言生活状况报告》下编（2005、2006、2007）

《中国语言生活状况报告》由商务印书馆正式出版，下编由国家语言资源监测与研究中心编，反映了大规模语言实态调查的数据，2005年调查出10356条词作为当年社会用词中的高频词表。《中国语言生活状况报告》（2006）下编公布了"对外汉语教材高频词语表"，来源于国内学者主编并在国内出版的12套"当前使用、发行量较大、使用范围较广、不同级别"的对外汉语教材，选取了其中1500条高频词刊在《国际汉语通用课程教学大纲》附录中，频度最前的10个词如表所示：

频度	词语	拼音	频度	词语	拼音
1	的	de	6	在	zài
2	了	le	7	不	bù
3	我	wǒ	8	他	tā
4	是	shì	9	你	nǐ
5	一	yī	10	有	yǒu

词库是在词表的基础上研制出来的，但是又比词表的信息完善，现代的计算机技术使词库一般能以数据库的形式呈现，如access、excel、foxpro 等程序制作的数据库，增删记录、查询起来都很方便，便于统计研究。

（五）《现代汉语语法信息词典》数据库

北京大学计算语言学研究所研制的《现代汉语语法信息词典》是以数据库的形式建立的，目前共收录了 80820 个词语[①]，每个词语包括拼音、词类和语法信息，我们对这个数据库的词类和切分逐一进行了研究，来探索现代汉语的构词规律，总结现代汉语的构词模式。我们就是基于这个词库和已标注好的《人民日报》语料库来研究词法。

（六）汉语语素数据库

苑春法、黄昌宁（1998）建立了一个大规模数据库，它对覆盖 6763 个汉字的汉语语素及其所构成的二字词、三字词及四字词进行了穷举描述。

词库的规模有大有小，收词量根据服务对象而定。服务对象有面向计算机处理为主的，有面向社会人群的，前者如清华大学孙茂松（2001）主持的《信息处理用现代汉语词表》，词语数量在 15800 条左右，这是为计算机的语言处理服务的，后者《现代汉

---

① 参照俞士汶等著《现代汉语语法信息词典》的电子版数据库，5 万多词语于 1995 年底通过电子工业部的技术鉴定，2001 年词语扩充到 7.3 万，2006 年又扩充到 80685 个。

词典》(第5版),收词 65000 条,是规范性语文词典。

词法(morphology)是生成语言中可能的词的规则。词库是显性的,可直接观察;而词法规则是隐性的,较难于观察。词法规则体现在词库中的条目里,通过外显的词库去研究内在的词法规则应该是一条可行的研究途径。

对词库的研究方法可以采取计量研究的方法,如对词的词频分析、分布率、使用度分析都属于计量研究的方法,计量方法引进到汉语词汇学,有着特别重要的意义。几千年来汉语词汇的研究传统,都是以具体词语的词义为主要对象,以考释为主要目的,以研究者的主观感悟为主要手段。因此计量研究方法的引进与推广,在当代词汇研究中有着重要的革新意义。①

二、第二语言词汇教学词库

汉语作为第二语言的教学词库的构建是词汇教学系统化的呈现,它以数据库的形式表现对外汉语词汇教学的总体面貌,专门为对外汉语教学服务,收录对外汉语教学中的常用词汇以及次常用词汇,注重词与词之间的联系,便于教师和学生选择词语,分析词语,应用词语,充分发挥现代教育技术在教学中的应用。如果照搬本族语的词库,势必会违反对外汉语教学的规律。

张凯(1997)以《现代汉语常用词表》和《现代汉语词典》(1979)、《现代汉语词典补编》(1989)、《新词新语词典》(1989)等三部词典为基础,建立了 3500 常用字和次常用字字库和由 70743 词构成的词库,通过计算机对库中汉字的构词等级、构词率、累计构词率、完全构词、累计完全构词等信息加以统计。

邢红兵(2004)认为语素在留学生词汇获得过程中会起到重要作用,因此建立了基于《汉语水平词汇等级大纲》的语素数据

---

① 引自苏新春(2010)《词汇计量及实现》第 9 页。

库，建立这样的数据库，首先是希望了解有哪些规律包含在语素构词当中，比如哪些语素是常用语素，哪些语素构词最透明；其次是为汉语词汇教学及相关的研究提供基础材料，特别是为留学生词汇习得、词汇的产生和心理词典等方面的研究提供最基本的实验材料；第三是直接用于教学。该数据库包括词库和语素库两部分，合成词数据库中包含了词形、词性、读音、语素构成合成词的信息，语素数据库包括语素的字形、读音、义项数、构词总数、构词位置、各等级语素构词数等。

邢红兵（2005）现代汉语动词句法信息数据库统计了动词在"现代汉语研究语料库"中出现的各种句法功能及各种句法功能在语料库中的使用次数等。

如何构建对外汉语教学词库？这里应该首先谈谈对外汉语教学词库的设计理念。构建对外汉语教学词库的目的是为对外汉语的词汇教学服务的，该词库的设计应反映对外汉语词语教学的特点，字段设计不同于本族语词库的特点在于，注重学生的偏误信息、学生习得词汇的先后顺序、汉字分析、外文翻译等专栏，即便是例句，也应该符合留学生的等级水平，比如针对学生初级、中级、高级等不同的水平给予不同的例句。

完备的对外汉语教学词库，至少应该包括词语的语音、语义、典型例句、字形、构词、大纲级别、偏误分析、同义词辨析、外文翻译等信息。这里要指出"大纲级别"是汉语水平考试（HSK）中甲、乙、丙、丁等级别的词。注明"大纲级别"，教师在讲解过程中，可以循序渐进地针对不同级别的留学生输入信息，避免用"难词"讲生词。标明"学生偏误"信息，在对外汉语教学中尤其重要，它可以预测学生即将发生的错误，帮助老师有针对性的"纠错"。词库的构建过程，既是构建"词汇语义网"的一种体现，同时也是词汇全局观念的体现。

建立词库可以构建小型、中型、大型等范围不等的词库，依据教学或科研的需求而定。比如教师可以根据一本书或一套教材构建小型生词词库，这个生词词库可以把课文中出现的生词、拼音、解释、翻译、学生偏误、例句、相关同义词等字段都录入到词库中去，设置序号，可以按课文顺序排列，更可以按音序排列，按照各种需求在数据库中查询。如在教《发展汉语中级汉语听力》（下）时，我们就列出了这一学期所学的 420 个词的小词库，这既是一种词汇备课的方式，又便于日后的研究。

我们也可以构建针对对外汉语教学用的中型词库，以《汉语水平考试词汇与汉字等级大纲》为例，以其中的 8822 个词为词条，建立一个包含词条、读音、英语释义、例句、同义词辨析、偏误分析等字段的中型词库，还应把词库中词的构成方式标明，语素的构词能力也可按照词频由高到低排列，语素在某个或某几个义项上的构词状况应列举出来。

教学词库的构建与应用实际上蕴含了很多教学理念，在由《汉语水平考试词汇与汉字等级大纲》词构建的小型数据库中，筛选出一些词频高的"语素"，分析由这些核心语素形成一系列词群，研究字词关系，贯彻"语素教学"或"字本位教学"。如"不"位于词首时构成的词语有"不错、不要、不用、不久、不如、不同、不必、不断、不过、不论、不是吗、不幸、不要紧、不住、不得不、不得了、不敢当、不管、不好意思、不平、不少、不行、不许、不一定、不对"等等，这样的一个词群聚集在一起，有内在的理据性，都含有"否定"义素，和后面的语素或词一起合成构词。我们教学中要经常进行这种类比联想，根据词库将有据可查。以"常用字"为枢纽，在教学词库中建立"词群"，是在数据库中很容易实现的方法。

利用词库进行筛选、统计和分析汉字，可以更好、更深入地统计字词关系。张凯（1997）对《现代汉语词典》（商务印书馆 1979 年版）、《新词新语词典》等 70343 词构成的词库进行了分析，建立了汉字构词统计表,位于前十位的字是:"子、人、头、大、心、不、水、生、学、地",作者由此讨论《汉语水平考试词汇与汉字等级大纲》把汉字的教学量定为3000是合适的,而把词汇量定为8822看来是有些保守的。换一个角度说,现在我们规定的汉字量是够的,而词汇量不够,也就是没有足够的词汇和这些汉字相配,那么汉字的优势便没有发挥出来。汉字的构词能力是很强的,我们为什么不利用汉字的这个特点呢?下面分别介绍二字词和三字词中哪些字构词能力强。

梁源(2000)基于分别调查了定中式二字短语的"前字"和"后字"情况,发现位于二字短语"前字"时频率高的汉字是:"其、这、此、大、小、新、每、该、全、石、黑、旧、白、长、各、巨、老、满、好、同、本"等;位于二字短语"后字"时频率高的汉字是:"法、类、区、种、价、头、形、名、板、声、面、量、型、式、状、底、料、片、道、体、车、口、层、墙、路"等。曾立英(2008)对《现代汉语语法信息词典》数据库的8万多词语进行了抽取,统计得出三字词中的后字中常用的语素有"子、性、机、器、学、人、员、化、会、品、者、儿、率、法、费、家、病、部、表、剂、线、权、车、力、量、站、队、式、室、花、片、物、纸、生、业、体、石、头、词、面、期、书、场、油、图、素、炎、点、虫、院"等。这种基于词库的抽取,主要是为了说明哪些字的构词频率高,它们的构词模式是怎样的,因而我们在教学时,应该先教这些构词频率高的汉字,通过"字"这个"音义关联"的符号,能在庞杂的词汇系统中起到一个很好的连接作用。另一方面,这些汉字的"复现频率"高,先教会学生这些字,有助于增强学生对汉语构词法的理解,扩展留学生的词汇。

苏新春(2006)对两种影响较大的对外汉语教材的词汇状况进行了对比研究,一套系列教材是北京大学对外汉语教学中心组织编写的《汉语初级教程》（4册）、《汉语中级教程》（2册）、《汉语高级教程》（2册），有课文80篇；另一套是北京语言大学编纂的对外汉语本科系列教材（语言技能类），"北语汉语教程"包括三册，每册分上下，共6本，有课文100篇。两套教材的收词差异很大，"北大初级教程"收词14759条，不重复的词1776条；"北语汉语教程"收词37556条，不重复的词4527条。它们的词语总量不相等，前者只是后者的约39%。两套教材的共有词语少，同有词语只有1189条。拿这两套教材和《汉语水平考试词汇与汉字等级大纲》对比，发现北大初级教程未收《大纲》的甲级词大概有260条，未收的乙级词大概有1550条；北语汉语教程未收《大纲》的甲级词大概有90条，未收的乙级词大概有980条。作者分析由于对外汉语教学的针对性很强，学生的类型多种多样，不同类型的学生有着不同的需求，不同学习类型也有着不同的需求，因此，希冀用一种对外汉语教学用词表来应用于对外汉语教学的一切方面，显然也是不现实的。因此，应该将对外汉语教学词表进行通用型与领域型的分工，或在研制通用性词表时进行分层分级的区分。这里的分层与分级不再是简单地依照频率，而应特别重视不同领域、不同功能、不同场合的交际需求。

建立词汇数据库有利于词汇的系统教学，因为对外汉语教学词库的构建、排列与运用实际上蕴含了很多对外汉语教学的理念与方法，比如重视"字本位"和"词群"的教学方法，重视词语的习得规律，重视学生的联想机制的应用，提倡以学生为中心的教学方法等。

三、心理词库

心理词库（mentallexicon）一词源自心理语言学，意指大脑中对词汇知识的长期永久记忆。心理词库看不见摸不着，因此心理语言学家和语言学家绞尽脑汁，提出了很多类比，试图让人们对心理词库有一个更为清楚直观的了解。Aitchison（1994）把心理词库比喻为心理词典，或一个巨大的蜘蛛网。McCarthy（1990）认为心理词库就像一本词典、百科全书，或像一个大图书馆。Brown（2006）眼中的心理词库就像现在的电脑系统或无线网络。[①]

不管何种比喻，心理词库从根本上来说应该是大脑中所有关于词形、词义及其用法的一个巨大仓库。光有这些还不够，最重要的是所有这些词在心理词库中到底是怎么储存和相互联结的。

我们脑中存在着一部心理词典，它储存了大量的词汇并可保证我们高速度地提取。杨亦鸣、曹明（1998）从神经语言学的角度进行分析，中文大脑词库同样存在着相互联系而又彼此独立的形、音、义等下位库。汉语作为第二语言时，汉语词汇是如何存储的？心理词库蕴含的信息量非常丰富，书本词典受到篇幅的限制，不可能把每个词的所有信息都收录进来。心理词库则包含每个词语所有的信息：词语的形、音、义，词语的理据，词语深层的文化信息，词语适用的语境及可能产生的临时意义等。这说明人们头脑中对词的了解比词典更个性化，它的内容不是固定的，新词、新义、新的读音，都会不断补充进来。言语活动中还会有一些为了表达需要临时造出来的词或语境赋予词的临时意义，都会在心理词典中储存。

对第二语言者甚至多语者来说，心理词库的结构就会比较复杂，特别是研究者非常关注第二语言者所学习的 L2 与学习者已有的 L1 词库的关系，不同的词类是否对它产生影响，储存模式是否与第一语言相似，是否如第一语言一样遵循相同的发展路径等。例如韩国学生由于很多汉字和韩文同形，韩国人学汉语的词语时，

[①] 转引自张萍：《词汇联想与心理词库：词汇深度知识研究现状》，载《外语教学理论与实践》2009 年第 3 期。

会很自然地把汉语和韩语做个对比，判断汉语是否和韩语相似，然后再对这个词语进行储存，第二语言学习者的词汇学习过程中有着母语的干扰。

由于心理词库肉眼不可见的属性，研究者采用各种办法来假设和推论其内在结构。最早、最经典的就是词汇联想测试，如早期的 Weinreich（1953）采用自由联想方法推断出双语者的心理词汇存储的模型。[①]

这样词汇联想测试便成了最常用的范式之一。我们在一学期的学习即将结束时，面向中高级班学生做了一个联想测验，分别以"爱情、赔钱、拐杖"为中心，让学生在有限的时间内自由联想，最少5个词，结果学生还是以语义联想居多，如以"爱情"这个词为中心，联想到"爱人、结婚、恋爱、孩子、信任"等；以"赔钱"、"拐杖"这两个词为中心，学生联想到课文里的情节，而写出和课文相关的词。平常学习认真的一位德国学生每个词联想的词语均达16个以上，该生还多次写出短语，如"无微不至地照顾"[②]、"丢掉拐杖"、"把自己的意志强加给别人"等，说明该生对词语的掌握已进入到深度掌握中。相比之下，同一个班的另外一美国学生则很多常用字写不出来，常用拼音代替，这说明这位美国学生在储存词语时并没有把字形储存在词库中。从测试中我们也发现关于词的语义性质的提示比关于词的开始字母或词形性质的提示使人们更容易提取记忆中的词语，因为大部分学生的联想记忆还是关于词的语义性质的联想。

怎样才能算是"认识一个词"？Glover等人（1990）在一项研究中，要求一群学生对一个不常见的词进行解释，他们发现学生的回答是各种各样的。有的人一点儿也不知道，有的猜一猜，有

[①] 转引自张萍：《词汇联想与心理词库：词汇深度知识研究现状》，载《外语教学理论与实践》2009年第3期。

[②] 学生把"无微不至地照顾"中的"的"用成了"地"。

的人很自信地说出该词的意思，并且举一个例子说明它的用法。可见，"认识一个词"并不是要么全知道，要么一点儿也不知道（这种现象在心理学上叫"全"或"无"），而是有不同层次的，从完全缺乏该词的知识到掌握该词的详细知识、来源以及使用它的语境，这是逐渐过渡的。可以将"认识一个词"看成是一个连续体，在连续体的一端是"不认识"，词的意义在心理词库中没有建立起来；另一端是"认识"，对词的知识已经牢固掌握。

对词汇知识的描述应该包含三个方面：词汇的广度、深度和联结度（或通达度）。词汇知识习得的最高程度应该是这三方面的兼顾。学会一个词，不仅应是知晓这个词的读音、意义，还应该知道这个词在什么语言环境中用，如"成见"一词，学生造句出现了"对每个人的优点，她心里都有个成见"的说法，其实教师已经在课堂上指出"成见"是"对人或事物一直以来的不好的看法"，说明该生并没有把这个词的用法储存到自己的头脑中去，知识没有"内化"。

心理词库理论的提出，实际上也对我们的第二语言教学提出了要求，要求我们在教学中针对不同级别的词、针对不同的学生，有效地丰富学生的心理词库。

第二节 语料库与词汇教学

一、语料库的种类

语料库是存储于计算机中并可利用计算机进行检索、查询、分析的语言素材的总体。长期以来，汉语研究主要依靠专家的手和脑，但手和脑毕竟能力有限。用计算机检索，可以找到某种特定语言模式的种种实例。这种实例的数量，往往不再是几十例、几百例，而是几万例，甚至几十万、几百万例。过去对语言规律的认识，主要靠研究者的主观感知，以至于语言学界感叹"说有易，说无难"。如今关于字例、词例、句子、篇章的考察，都可以在大规模真实语料中调查，如可以做到关于某种性质的字词在真实语言环境中频率分布的调查，甚至是字词搭配的频率分布调查，也可以对不同覆盖范围的语料进行特定性质的对比。

语料库改变了传统词汇研究的面貌，比如引述实例是词典编纂的传统，机读语料库的出现改变了词典编纂者利用语料的方式，他只需坐在计算机终端前就可以从数百万字的语篇语料中调出某个词或短语的用法实例。这不仅意味着词典的编纂和修订速度大大加快了，能及时提供新的语言信息，而且大量的自然语言实例会使词的定义更加完整和确切。

基于语料库的分析方法是对传统的基于规则分析语言的方法的一个重要补充。语料库具有"大规模"和"真实"这两个特点，因此是最理想的语言知识资源，是直接服务于语言文字信息处理等领域的基础工程。

由于不同类型的大规模语料库资源的建立，我们可以对语言材料进行统计分析，使得我们对语言属性的认识更加深入。近20年来，汉语语料库建设及其应用方面已经取得了丰富的成果，目前建立的语料库从内容来看，包括汉语语料库、中国人学习外语的语料库、外国人学习汉语的中介语语料库、双语言对应的平衡语料库等。这些语料库资源的建设，为汉语语言习得与认知研究提供了基础。

根据语料的来源，可分为口语语料库、书面语料库等；根据语料的载体，可分为语音语料库、文本语料库；根据语料所覆盖的领域，可分为通用语料库、专题语料库。根据对语料是否加工，加工到什么程度也可做出分类。有的保持了语料原始面貌，未做任何改动，只提供查询、检索功能，其目的主要是调动实际语例，并观察语言原始面貌，这种语料库叫做"生语料库"（raw corpus)。有的是做了加工,而且加工的类型不同,加工的深浅不同。据此可分为真实文本语料库、分词标注语料库、句型标注语料库、词义标注语料库等。一个语料库,是多种属性的综合体,因此一个语料库可以同时具有多种归类。

限于篇幅,这里介绍几种常用的语料库:

(一)北京大学汉语语言学研究中心语料库

北京大学汉语语言学研究中心提供免费的在线语料库,网址为:http://ccl.pku.edu.cn,该语料库容量多,包括现代汉语语料库和古代汉语语料库,可以提供词与词之间的距离检索等。

(二)全球华语文数位教与学资源中心语料库

全球华语文数位教与学资源中心语料库是由台湾中央研究院免费提供的华语教学网站,网址为:http://elearning.ling.sinica.edu.tw/。这个语料库主要落实两方面的内容,一是落实"针对一词广泛阅读(一词泛读)"的理念,帮助学生快速习得词语的用法,二是提供华文教师编写教程所需要的语言信息理据。

(三)北京语言大学 HSK 动态作文语料库

"HSK 动态作文语料库"是母语非汉语的外国人参加高等汉语水平考试(HSK 高等)作文考试的答卷语料库,收集了 1992—2005 年的部分外国考生的作文答卷。语料库 1.0 版收入语料 10740 篇,约 400 万字,于 2006 年 12 月下旬上网试运行。经修改补充,语料库 1.1 版语料总数达到 11569 篇,共计 424 万字。该语料库是免费语料库,进入"北京语言大学"网站,在"资源与服务"栏,即可查到"HSK 动态作文语料库"。

该语料库是母语非汉语的汉语学习者学习汉语的中介语语料库。运用本语料库中的作文语料,可以进行对外汉语教学的多方面研究。例如汉语中介语研究、第二语言习得研究、对外汉语教学理论研究、对外汉语教材研究、汉语水平考试研究、与对外教学相关的汉语本体研究等。这些研究对提高汉语教学、汉语测试、汉语本体研究等方面的水平，都具有重要意义。

二、语料库与词汇教学

语料库有助于语言描写，从而有益于语言教学。语料库的发展对于语言教师的职业生涯发生了两方面的影响。首先，语言教师所教的内容发生了根本性的变化，由于语料库中包含了词语用法的丰富信息，语言教师所教的语言实际上就是词语的用法，因此，所谓教语言就是教词语的用法。从语料库的观点看来，语言就是词语的用法，词语的用法是语言描写的核心内容；语言的语法存在于词汇当中，因此，词汇和语法的研究也是相关的。其次，语料库本身可以作为语言教学的材料，语料库成为语言教学大纲研制和语言教学方法论研究的基础。

语料库可应用到语言教学中去。语料库是真实的语言数据，因此，可以使用语料库进行"数据驱动的学习"（data-driven-learning）。学生从语料库所提供的数据中，往往会发现被教师或教材所忽视的一些语言现象，从而发挥他们的学习主动性。比如学生可以使用"生语料库"进行学习，从生语料库中发现语言规律，根据生语料库中的数据来编写学习材料。这里要强调的是真实口语的语料库，由于现行的对外汉语口语教材，其内容距离真实自然的生活口语还存在着相当大的距离，口语教材深受书面语词汇、语法的限制，人为编造的痕迹也很重。要改变这种状况，就要加强对已有的"当代北京口语语料"系统的开发研究。如美国 Pennsylvania State University 建立了"高级语言教育和研究中心"就收录了 50 个小时的汉语语音语料库，采用真实语料库进行汉语教学。

语料库还可以作为语言测试的资料来源，帮助语言测试者设计测试的题目及进行语言调查。使用语言学习者语料库还可以比较母语学习者与非母语学习者的差异，从而改进语言教学，提高语言教学的效果。

语料库用于语义研究主要有以下两点：

(1) 语料库可用来为词赋义提供客观标准，在传统的语义学中，词和语言结构的意义往往是根据语言学家自己的直觉描写的，事实上语义区别是与句法、词法、韵律及上下文的语篇相关的，通过语料库来调查这些相关成分，可以找到特定语义区别的客观指示。

(2) 语料库有助于建立语义的模糊范畴的梯度概念。心理研究表明，认知范畴是存在模糊界的。语义区别作为一种范畴认知，实际上也不是绝对的，也是模糊界的。具体讲来，义项之间不是简单的包容与非包容关系，而是一种与包容比例相关的梯度关系。语料对于判断和揭示这种梯度的存在及其大小具有重要作用。

语料库对于词汇研究很有好处，具体归纳为以下三个方面的功能：

(1) 可以方便快捷地检索词语，并能进行同义词的辨析。比如在第二语言教学中，碰到词语的用法问题，可以借助于语料库搜索，了解该词语的用法。对于同义词，如"而"和"而且"的区别；"庆祝"和"祝"的区别，都可以通过真实语料库的搜索来显示例句，归纳词语用法。

检索时，可以按照"关键词"索引，计算机则按照编好的程序，居中显示出索引，而左右则是构成其语境的词语。下面是笔者从北京大学汉语语言学研究中心的语料库中提取的"形形色色"一词的有关索引：

还有台风、龙卷风、海陆风、山谷风、焚风、布拉风、干热风等*形形色色*的风。

还有洁白鲜嫩的"竹笋"……有"大自然艺术宫"之称。*形形色色*的石钟乳，在彩灯的照射下，五彩缤纷，红得如同玛瑙。

不同民族在驯化过程中将这些动物杂交，才逐渐变成今天世界上形形色色的狗。但它们和动物学中的野狗不是同属，也不同种。

在形形色色的固氮菌中，名声最大的要数根瘤菌了。根瘤菌平常生活在土壤中。

事实上早已充当着净化污水的尖兵。它们把形形色色的污染物，"吃进"肚子里。

（2）利用语料库对词汇的研究最显而易见的就在于词典编纂（Kennedy，1998：91）。① 80年代第一个以词典编纂为应用背景构建的大规模语料库，是由英国伯明翰（Birmingham）大学与Collins出版社合作的结果，规模达到2000万词级。语料库Cobuild名称也是两家单位的首字母缩写（Collins Birmingham University International Language Database）。1987年Collins出版了基于Cobuild语料库的英语词典，词条选目、用法说明、释义等都直接取材于真实语料，该词典一问世即引起了词典编纂界广泛注意和好评。

（3）语料库的研究对于词语搭配研究很有好处。Firth（1957：14）将词语搭配定义为"习惯性共现的词语"（actual words in habitual company）。这一标准不仅包括another one这样的词组，而且包括although the或and the这样的单词组合。所以我们必须考虑"习惯性共现"的各种情况，以使搭配的概念更加明确。② 语料库问世前的搭配研究，由于缺乏足够的自然数据，一般都基于直觉，很难深入下去，研究结果也有很大的局限性。

（4）语料库的研究对于词汇教学大纲的研制很有好处。基于语料库的词频表在某种程度上与以意义为基础的（meaning-based）

---

① 转引自谢元花：《语料库与词汇研究》，《外语教学》2002年第3期。
② 转引自谢元花：《语料库与词汇研究》，《外语教学》2002年第3期。

语言教学主流格格不入。但是基于语料库的词汇研究带来了词汇教学的复兴，Sinclair 和 Renouf（1988）甚至主张制定一个以语料库为基础的词汇教学大纲。他们认为语言学习者的重点应该放在最常用的词汇以及它们的主要用法和搭配上。[①]

基于语料库的词汇研究不仅可以帮助教师选择教学内容、安排教学的次序、找出教学重点，还可以帮助教师避免选择过时的表达法。以语料库为基础的词汇研究对语言教学的内容和方法产生了重要影响。

第三节　汉语作为第二语言学习词典的编纂

与词汇学密切相关的是词典学，第二语言学习词典也是教材的补充和延伸，一本好的词典是学习者预习、学习和复习的好工具。

一、第二语言学习词典与母语学习词典的不同

词典的编纂有着自己的规律可循，面向的对象不同，词典的释义、示例也不同。第二语言学习词典和母语学习词典是两种不同的语文工具书，在很多方面都存在着差异。差异表现在：

（1）编写目的不同。母语学习词典的目的是让使用者了解词语的读音、释义和运用，扩大词汇量的储备，不断提高汉语表达的准确性和生动性，同时也为人们提供语言文字方面的标准，促进汉语言文字的规范化。汉语作为第二语言学习词典的目的是让汉语学习者准确理解汉语词语的意义，学会正确地组词造句，提高学习汉语的效率和使用汉语的水平，使自己的中介语不断趋近

[①] 转引自谢元花：《语料库与词汇研究》，《外语教学》2002 年第 3 期。

标准目的语。

(2) 收词范围和义项处理不同。母语学习词典的收词和义项选择范围会因读者文化程度的不同而有不同的取舍,比如《现代汉语词典》就是一部供中等以上文化程度的读者使用的中型词典。第二语言学习词典的收词范围和义项选择不同于母语学习词典,更强调常用性和实用性,也就是说,第二语言学习者学汉语很少用得上或根本用不上的词语或义项不予收录。

(3) 编排体例不同。母语学习词典的编排体例包括词条、注音、词性标注、释义、示例等,而第二语言学习词典除了上述内容以外,一般还包括结构说明、用法说明、同义词辨析、常见偏误举例、外文注释等。

(4) 释义和示例用词语不同。第二语言学习词典由于读者对象的特殊性,词典编写所用的词语即释义词语和示例词语要受到使用频率、常用性、覆盖面等方面的严格限制,真正实现词典所能给予读者的以少知多的作用。

Lyons 指出:"某种语言的单语词典解释词义时,是用一种元语言学(metalinguistic)的定义来解释的,这种定义的形式将流于从词典到词典。双语词典的释义偏重于语言外部的同义概念,而单语词典也利用同义的概念,但单语词典常常采用组合释义法,加以分析和描写,比如英法词典对于'狗'的对译,'狗'是可驯化的家禽,是哺乳动物等。"

在汉语词义的解释上,由于使用对象的不同,定义的形式也不同。像《现代汉语词典》,对"狗"的解释和英语的单语词典类似。《现代汉语词典》对"狗"的解释是"哺乳动物,种类很多,嗅觉和听觉都很灵敏,毛有黄、白、黑等颜色。是人类最早驯化的家畜,有的可以训练成警犬,有的用来帮助打猎、牧羊等。也叫犬。"像这样的解释是针对本族人的释义,就不能针对留学生而讲解。而《商务馆学汉语词典》的解释就比《现代汉语词典》的解释更简明，更适合于外国人。它的解释是："一种动物，种类很多，可以帮人看家或打猎等。"另配有图片，使人一目了然。

对外汉语词汇语义学有着自己的特定范围，因此对外汉语教学中对于词义的分析，就不能完全套用《现代汉语词典》这类针对本族人的词语解释法。

随着国际汉语教学的发展和日臻国际化、市场化，第二语言学习词典的建设也日益受到关注和重视。一部好的词典是学生最好的老师，这对语言教学来说更具有启发意义。第二语言学习者的某些词汇错误与词典释义和教材词语例释的误导或欠缺有关。因此，如何从第二语言学习者的需求出发，完善和创新外向型学习词典、词汇大纲等，是汉语作为第二语言词汇教学研究的重要方面。

近30年来，我国语文教育界的学者编写的一般语文工具书不计其数，而面向外国人学习需要而编写的词典数量不多，主要有为HSK编写的应试词典、近义词用法词典以及常用词用法词典等。我国对外汉语教学工作者从教学实际出发，编写了一批供外国学生使用的工具书。具有代表性的汉语教学工具书，有《汉语常用词用法词典》（李晓琪等编）、《现代汉语常用词用法词典》（李忆民主编）、《汉英双解词典》（王还主编）、《汉语动词用法词典》（孟琮等编）、《现代汉语离合词用法词典》（杨庆蕙主编）、《现代汉语八百词》（吕叔湘主编）、《汉英虚词词典》（王还主编）、《汉字基本字带字识字手册》（张学涛编著）、《商务馆学汉语词典》（鲁健骥、吕文华）等，这些词典影响力比较大。加强对汉语作为第二语言学习词典的理论研究和编纂实践，是提高教学效率的重要手段之一，也是这一学科理论发展的必然要求。

二、汉语作为第二语言学习词典编纂的问题

传统的工具书编纂，是以信息技术和纸质媒介为基础的，这种技术给工具书编纂带来了许多局限，这种工具书编写的手段落后、编排的方式单一、检索的程序复杂、集成的容量有限、信息存取的介质笨重等。

郑艳群（2008）就汉语工具书使用情况对来自不同国家的不同汉语程度的留学生进行了调查。调查结果显示，很多学生抱怨目前没有一本汉语词典的内容是齐全的。如有的词典没有汉字笔顺示意，有的没有词语的用法解释或者例句太少，有的查找不太方便；还有的词典对用法解释得不够详细，或者释义用词比较抽象，有时候必须查检几本不同的词典，才能查找到所需要的信息。

目前，能提供给外国人学习汉语用的词典数量不多，而外国人在使用汉语的单语词典时，一般存在下列几个问题：

第一，难懂。一般汉语词典释义、举例用词没有限制，甚至释义用词的范围、难度大于被释词条本身，使学生读起来障碍重重。

第二，难查。外国人使用汉语词典，都会感到查字难、查词难。查字时，遇到不会读的字，不论是部首检字，还是笔画检字，外国人都感到难以掌握。至于查词，由于汉语词典一般都是字义的义项和词义没有挂钩，要在诸多义项中让要查的词对号入座，对中国人都比较难，对外国人更是特别困难。

第三，难学。学习词的用法是外国学生查词典、用词典的目的之一，但目前的词典很难满足学生的这一要求。其一，是例句偏少、偏难；其二是由于解释和举例用词的难度没有控制，对用法的介绍中又过多地使用语法术语，造成了外国学生阅读时的障碍。

针对外国人学习用的词典在义项的解释上应该简明一些，比如释义和示例尽量使用受限语言或词典元语言。所谓"元语言"，是英语 metalanguage 的汉译，指的是"用来分析和描述语言的语言","是一种'工具语言'或'人为语言'"①。词典元语言来源于自然语言,其主要特点是通用、高频、中性②。通过频率调查、语义比较以及人工干预等手段所得到的词典元语言,数量被控制在很小的范围内。较早使用元语言编纂词典也最为成功的当属《朗曼当代英语词典》(Longman Dictionary of Contemporary English) (1978)。该词典"一切定义和用例所用词语被限制在两千个词左右,这些词语是在充分研究若干英语词汇频率表和教学用语表之后加以精选的。在这个过程中,还特别参考了迈克尔·韦斯特的《英语一般词汇表》"。③ 单语对外汉语学习词典的受限语言到底有哪些词,现在还没有权威的一致的统计结果。不过苏新春对《现代汉语词典》中所有用来直接释义的例词进行了统计分析,从中提取了首批高频释词 4000 余条,可以用来参考。词典受限语言与常用词有一定的相似之处,但两者却不是一回事:常用词具有常用性,是人们生活中不可缺少的,也是学习者首先要掌握的,因此可以用来帮助确定汉语的词典元语言,这有利于学习者对词典的有效利用,但是词典受限语言是基于在词典编纂中所起的作用而得到的词语聚合,强调词典表述语言的核心作用。

针对外国人在使用词典时存在的上述问题,汉语作为第二语言的学习词典应朝着易懂、易查、易学的目标努力。词典编纂者首先要研究外国学习者学习汉语的需要、词典查询的内容、词典查询的习惯和所采用的查询策略等,有针对性地设计和编纂适合他们需要的词典。其次,词典编纂者要解决汉语单语词典释义难懂的问题,这就要求词典编纂者充分应用现代语言学和其他相关学科的最新研究成果,并结合外国学习者的汉语认知特点,编写出既准确又易懂的释义。最后,词典编纂者要多提供使用方面的

---

① 参见黄建华:《词典论》,上海辞书出版社 2001 年版。
② 参看苏新春:《汉语释义元语言研究》,上海教育出版社 2005 年版。
③ 参看陈丙超:《评〈朗曼当代英语词典〉》,载《辞书研究》1982 年第 3 期。

信息，以方便学习者编码使用。

三、面向第二语言教学用的词典的创新

词典的创新，首先应该是词典学理论的创新。由于词典学是一门应用学科，词典学理论的创新主要原动力不是来源于对词典本体的研究，而是来源于对语言学、认知学、第二语言习得和计算机科学等相关理论的应用，用这些相关理论来丰富词典学的理论内涵，在学科的交叉点上寻求词典学的创新点。

（一）语料库给词典编纂带来的创新

首先谈一下语料库给词典编纂带来的便利与思考，语料库的真正价值在于它为词典编纂者分析语词意义与用法提供了不可或缺的原始数据。这一点表现在两个层面：具体层面和系统层面。

在具体层面上，即单个词条层面，我们如今能够非常精确地描述词语的意义，如果没有大量的语言数据支持，这是完全不可能的。在系统层面，语料库的影响更为深远：它让我们重新认识语言使用的规律。根据我们对语言使用进行考察后所获得的发现，去重新思考词典描述语言的方式。因此，基于语料库的词典将不收录或解释那些罕见的、边缘的用法，而着重解释反复出现的多词单位。语料库数据不仅使词典编纂者能够在许多方面比以前做得更好，而且促使我们重新思索词典编纂的本质。我们目前也许只是初步利用了语料库发展所带来的那些附带成果。

词频、搭配等语料库数据在词典中的新应用可更好地解释词语的用法。义项是根据词具体使用时的意义表现归纳出来的，不同类型的词典根据不同需要可以为相同的词确定不同的义项条目，可粗可细，笔者认为对外汉语学习词典的编纂在大规模语料库的基础上，利用真实的语料归纳更合适的词项，归纳更科学的义项，将高频出现的义项列在前。

（二）计算机技术在词典编纂中的应用

信息技术的发展为词典编纂带来了革命，数据处理工具、编程技术、人工智能技术、虚拟现实技术为词典的现代化创造了技术可能，一种比较理想的汉语词典模型，应该是对词汇体系可作集成化的、具有多层次网络关系和人工智能展现的在线词典。

这种在线词典收词量大，用法明确，生词或例句有读音，有同义和多义辨析、反义关联，有搭配举例，检索方便。集成化、多功能、方便检索、快速查询以及形象、直观、易理解、易记忆的解释方法等，是现代词典编纂所追求的目标。为此，我们利用计算机技术完善和发展词典编纂。

计算机技术也不是万能的，比如有很多词语用例到底能否进入到词典中，这些词语用例的分级，也还是需要人工解决，所以，直接选自语料库的未加修改的例证并不总能（甚至经常不能）满足普通词典使用者的需求。然而，我们稍后会了解到，实际上我们完全可以做到鱼和熊掌兼得：既能提供以教学为目的、充分反映语料库中语词用法的例证，同时又能让词典使用者直接接触到大量未经修改的语料库中的原句。

四、面向第二语言教学用的动词用法词典的编纂需求

在动词结构的教学中，邢红兵（2005）分析了目前动词用法词典中存在的局限，比如孟琮等编的《汉语动词用法词典》和《现代汉语语法信息词典详解》存在着对"句法功能的描写难以达到主次分明"的缺点，如现有的词典对动词句法功能的描述是完全按照统一的规格来实行的，比如《汉语动词用法词典》中，动词的功能共有13项，包括"名宾"、"双宾"、"动宾"等，但是没有注意到每个动词的各种句法功能相对比例的差别，有些动词的句法功能相同，但是各自的相对主要的句法功能会有很大差别。邢红兵以动词"证明"和"影响"为例，统计了这两个动词的句法功能及其使用次数：

表 "证明"和"影响"的句法功能统计

词语		不带宾	名宾	动宾	小句宾	主语	宾语	修饰语	中心语
证明	次数	14	8	1	100	2	3	15	10
	比例	9.15%	5.23%	0.65%	65.36%	1.31%	1.96%	9.80%	6.54%
影响	次数	42	122	7	7	13	18	5	151
	比例	11.51%	33.42%	1.92%	1.92%	3.56%	4.93%	1.37%	41.37%

从表中可看出,"证明"的主要句法功能是带小句宾语,而"影响"的主要句法功能是做中心语和带名词宾语。按照统计结果,可以将"证明"和"影响"的句法功能按照比例由高到低的顺序排列,并将相关的统计数据附在每个语法之后,并给出一定的例句。而这点在现有的词典中没有得到体现,《汉语动词用法词典》中"证明"带小句宾语的功能只是放在一般功能的第三位,并且只有一个用例,这样安排的话看不出来这个句法功能的重要性。

现有的动词词典从固定的体例出发,过分强调各种功能的穷尽描写,以至于将动词的一些用法过分复杂化。搭配信息是动词用法中很重要的信息,这里面包括动宾搭配、状中搭配、动补搭配等。而现有词典在这方面的描述是不够准确的,这主要体现在搭配信息不够丰富,搭配对象不能按照搭配次数来排列。如动词"觉得"的一个重要句法功能是带形容词性宾语,尽管《汉语动词用法词典》中列出了这样的用法,但是从搭配信息看,只有一个用例"他觉得很热",而根据统计,"觉得"的主要功能是带小句宾语,其次就是带形容词性宾语,而能在语料库中跟它搭配的形容词共有26个,其中使用次数排在前面的形容词有"~委屈/~奇怪/~可笑/~有趣/~没意思/~冷/~好笑"等。作为学习词典,这些常用的搭配信息应该出现在词典中。

面向第二语言教学用的动词用法词典,同现有词典相比应具有以下两个方面的特点:(1)句法功能按照使用频度由高到低排列，突出动词主要句法功能；(2) 尽量多地提取相关的搭配关系，并按照频度由高到低排列。这样的词典可以帮助教师根据动词的实际使用情况来安排教学活动。

第四节 计算机辅助教学与词汇教学

计算机辅助语言教学（Computer-assisted Language Learning）是指人们为了更好地完成教学目标，提高教学效果和发展学生的综合素质，把相应的计算机信息技术作为教学工具和手段，作用于"教"和"学"的活动过程中的一种教学组织形式。计算机辅助语言教学（CALL）是计算机辅助教学的一部分，即是以计算机为基础，利用计算机辅助技术来帮助外语教师进行外语教学与研究活动，包括利用单机、局域网、因特网等手段（何高大，2000）。

汉语教学涉及听、说、读、写等技能，教学资源也涉及多种媒体形式。如解释语法问题需要补充其他的文字；播放汉语发音需要声音；演示汉字的笔画书写过程需要动画；展示语言场景需要图片或视频。然而，这些不同的媒体形式都可以在汉语计算机辅助教学（CAI）中，通过超文本和超媒体技术整合在一起，准确地表达汉语教学所需要的各种信息。

在中文教学中电脑主要运用在以下三个方面：

1. 提供多媒体学习材料，提供声像语言环境、互动练习，进行测验与考试

随着多媒体技术的日趋成熟，声像语言环境也越来越先进，从远程教学到多媒体教室视频、音频的采集，教学越来越现代化。

多媒体的中文学习软件可以将声像以及文字合于一体，即便是一张普通的光盘、一段视频文件可以容纳很多学习内容。学生

不仅可以看到文字，而且可以看到语言使用的环境，听到标准的语言，还可以进行语言操练，检查学习效果。

　　汉语教学的 CD 文件、音频文件愈来愈多，可用于辅助教学。比如在讲解《博雅汉语》（中级加速篇）《采访孔子》一文时，可使用《汉语教学资源包》CD 文件中的《中国文化常识》，便于形象地了解孔子的生平、思想及事迹等。再如《长城汉语》、《乘风汉语》等很多教材都配有 CD，视、听、说的教学手段可充分利用。教学软件的应用，如"中文助教"、"一键通"把教学与研究结合在一起，另外，还有一些音频和视频处理的软件，如 Goldwave、CoolEdit、Windows Movie Maker 等软件，可以切割、录制音频或视频文件，便于语言教学与测试。

　　汉语教学中，图片素材库的作用不可低估。图片的使用可以避免语言交流的缺陷，当图片引起的视觉形象冲击学习者的大脑时，学习者获得了知识，另一方面也促进了表达的需求。如图片可作为一种释义的手段，它虽不以揭示事物的性质为目的，但是图片可根据成年人的特点，使目的语教学与已有的背景知识建立起联系。图片在作文中也可资利用，训练学生表达的准确性、流畅性，引导学生的"输出"。如学生对于"露馅"一词，不大明白其用法，那么在电脑上检索图片，可出现"饺子露馅儿了"等很多图片，比较直观，而且还可以讲解"露馅"一词的比喻义。

　　图片是基础汉语教材中不可缺少的组成部分，可增强教材的趣味性。上世纪 90 年代以前出版的教材中，应用图片的数量较少，应用的范围也较窄，大多是课文配图。近十余年来，教材中应用图片的情形，在应用的数量和范围方面都有了较大的飞跃，并且产生了一些以图片为主的汉语教材：如《路》（赵金铭主编，2002）中图片的应用相当多且广，《一起来说》（卢百可等，1999）可以说是一种完全的图片教材。

　　在词典编纂中使用图片也可增强形象性，比如《商务馆学汉语词典》彩色图片约 700 幅，能以图片的形式展现一些动词、名词的语义特征，插图旁标注词语或短语，如"兵、拔（草）、抱（孩子）、拨（电话）"等都用图片形象地展示。比如"刷"用一小幅"刷子"的插图，既表现了名词"刷子"的特征，又可以表现动词"刷"的用法，学生还可以用联想的方法理解"刷牙、刷油漆、雨刷刷地下"，以及"他考试不及格，被刷下来了"等用法。《商务馆学汉语词典》中有的一幅图可"两用"，如"插头、插座"可在一幅图中展示，节省篇幅，而且便于联想记忆。

2. 网上学习

利用网络资源寻找中文学习材料或者利用网上课程随时学习，进行通讯交流、网上讨论交谈。师生可以在网上谈话，相互听到声音，也可以相互看见。至于在网络上查询中文学习的材料，目前已经有了相当多的网站和网点提供词典、阅读材料、原文检索以及中文电视、广播、报纸杂志等大量资料。

用电脑教学的长处是方便、多样、灵活、共享。用电脑编写的教案、练习、考题内容可以随时加以修改，成本比较低廉。通过电脑，可很方便地收集资料、处理学生的学习情况以及进行其他教学管理，网上的内容可随时更新。跟传统课堂不一样的是学生不再只见到一个老师、一本教材，通过多媒体的电脑软件或者网络资源，学生可以接触到大量不同的真实语言环境、语音、图像、电视片断。"灵活"是指人们可以随时随地根据自己的情况安排学习，突破时空限制。资源共享是网络的特点之一。目前在网络上的中文教学资源已经相当多了，教师可以从中选择对自己的教学有用的东西，加以适当改变用到课堂中去。

汉语作为第二语言教学的网站也很多，如"网络孔子学院"，网址为：http：//www.chinese.cn/；还有"网上学中文"网站，网址为：http：//learningchineseonline.net/，这是一个全面介绍学习中文的网站，包括语音、语法、阅读等方面的资源。还有远程教育的网上教学等。充分建设及利用语言教学资源，可以提高词汇教学的效果。

美国加州大学伯克利分校设计了一个反义词配对练习。屏幕上显示左右两栏词汇，学生的任务是找出意义相反的词条。每次在左右二栏中各点击一个词条，如果两个词条的意思相反，就会从屏幕消失。要是它们不是反义词，则变成红色，表示没选对，还得继续努力。该练习网址为：http://www.language.berkeley.edu/ic/gb/exercises/ex10s_listeningonly.html。

3. 使用词处理、算表或数据库

教师收集教学资料、准备教材以及各种学习和测试材料，记录统计与管理学生资料和学习情况。这方面的电脑运用常常被忽略，很多人认为这并不是直接地用电脑来进行中文教学。实际上，教师在准备和进行教学的时候大量使用的就是这一类软件。它们在教学材料编写和准备的时候特别重要。

如何实现汉语教学的规范化、集成化和科学化？我们需要做的一项工作就是建设汉语言能力各要素的基本素材库。无论是汉语教学的理论或实践，都需要建立一个系统庞大的素材库来支撑，这是汉语教学走向现代化的必备条件。譬如表现功能意念的语言结构的素材系统、备选课文的素材库系统、典范例句系统库、学生病句库、语言基本知识库等。

美国硅谷语言技术公司制作发行的汉语教学辅助软件《中文助教2005》（ChineseTA）功能比较强大，有"课文加注拼音、生词生字查找、词表字表注释、汉字繁简转换对照、字词分布索引、字词频率统计、生词密度和重现率标示、字词HSK等级和常用度标示、新词旧词关联、词语随文注音翻译、课文调整顺序、词表字表项目的选择和排序等。"这些功能"用数据来说话"，对于教师处理课文、编写教材等都很有作用。

计算机辅助语言教学的应用，为学生进行选择学习内容和拓展学习空间的设计,满足了学生学习和发展的需求,这实际上是鼓励学生自由探索的精神,为适应今后的终身化学习打下基础。

使用电脑虽然有很大的优点,但是电脑使用发展情况并不均衡。有的学校和教师走得比较快,用得比较多;有的学校和教师使用得比较少;也有的人至今不愿意运用电脑。

一般认为,学生如果能多方面地接触语言,他们的学习效果一定会很好。所以,若以多媒体形式设计语言资讯,便可以使学习者同时接触到音、义、形等方面的语音信息,从而提高学习效果。现在,很多课件都充分利用声、光、平面、立体等各种不同层面来设计。然而,多媒体教学的实际效果如何呢?

近几年来,随着科技的发展,电脑和网络的普及,汉语教学科技化的浪潮冲击各个校园,以致许多学校都对语言教学的电脑化投入了巨大的人力和财力。为了满足这种教学的需要,各种产品也不断涌现。面对这种浪潮,我们必须要冷静思考,沉着应付,要多做一些试验,看哪些新科技方法可行,哪些不可行。这里,我们必须明白"人"的重要性,即老师的引领作用和学生对新技术的态度是成功实施电脑辅助教学计划的关键。同时,我们还认识到,在语言教学方面,新科技并非灵丹妙药,只有考虑周到,运用恰当,它才会在"教""学"中发挥作用。

本章参考文献

1. 北京语言学院语言教学研究所编:《现代汉语频率词典》,北京语言学院出版社 1986 年版。

2. 白乐桑、张朋朋:《汉语语言文字启蒙》,华语教学出版社 1989 年版。

3. 陈贤纯:《对外汉语中级阶段教学改革构想——词语的集中强化教学》,载《世界汉语教学》1999 年第 4 期。

4. 储诚志:《中文助教 2005》,(美)SiliconValleyLanguage-

Technologies，2005。

5. 丁信善：《语料库语言学的发展及研究现状》，载《当代语言学》1998年第1期，第4—12页。

6. 董秀芳：《汉语的词库与词法》，北京大学出版社2004年版。

7. 高燕：《对外汉语词汇教学》，华东师范大学出版社2008年版。

8. 国家对外汉语教学领导小组办公室汉语水平考试部：《汉语水平词汇与汉字等级大纲》，北京语言学院出版社1992年版。

9. 国家汉语国际推广领导小组办公室：《国际汉语通用课程教学大纲》，五洲汉风教育科技（北京）有限公司。

10. 国家汉语水平考试委员会办公室考试中心：《汉语水平考试词汇与汉字等级大纲（修订本）》，经济科学出版社2001年版。

11. 国家语言资源监测与研究中心：《中国语言生活状况报告》(2005)(2006)(2007)下编，商务印书馆2006、2007、2008年版。

12. 何高大：《现代语言学与多媒体辅助外语教学》，载《外语电化教学》2000年第3期。

13. 李晓琪：《汉语常用词用法词典》，北京大学出版社1997年版。

14. 李如龙、吴茗：《略论对外汉语词汇教学的两个原则》，载《语言教学与研究》2005年第2期。

15. 李艳惠：《汉语教学与科技的融合》，载《汉语教学：海内外的互动与互补》，商务印书馆2007年版。

16. 李忆民：《现代汉语常用词用法词典》，北京语言学院出版社1995年版。

17. 吕叔湘：《现代汉语八百词》，商务印书馆1980年版。

18. 鲁健骥、吕文华：《商务馆学汉语词典》，商务印书馆2006年版。

19. 鲁健骥、吕文华：《编写对外汉语单语学习词典的尝试与思考——《商务馆学汉语词典》编后感》，载《世界汉语教学》2006 年第 1 期。

20. 刘源、谭强、沈旭坤：《信息处理用现代汉语分词规范及自动分词方法》，清华大学出版社 1994 年版。

21. 梁源：《二字短语凝固度分级考察》，载《语言文字应用》2000 年第 2 期。

22. 马清华：《唯频率标准的不自足性——论面向汉语国际教育的词汇大纲设计标准》，载《世界汉语教学》2008 年第 2 期。

23. 孟琮、郑怀德、孟庆海、蔡文兰：《汉语动词用法词典》，商务印书馆 1999 年版。

24. 彭增安、陈光磊：《对外汉语课堂教学概论》，世界图书出版公司 2006 年版，第 124 页。

25. 钱旭菁：《日本学生伴随性词汇学习的个案研究》，载王建勤：《汉语作为第二语言的学习者与汉语认知研究》，商务印书馆 2006 年版。

26. 孙茂松、王洪君、李行健、富丽、黄昌宁、陈松岑、谢自立、张卫国：《信息处理用现代汉语分词词表》，载《语言文字应用》2001 年第 4 期。

27. 宋柔：《对外汉语教学中的信息资源和信息处理》，北京大学出版社 2008 年版，第 3 页。

28. 苏新春：《词汇计量及实现》，商务印书馆 2010 年版，第 60—64 页。

29. 郑林曦：《普通话三千常用词表》（增订本），语文出版社 1987 年版。

30. 王弘宇：《外国人需要什么样的汉语词典》，载《世界汉语教学》2009 年第 4 期，第 567—574 页。

31. 王还：《汉英虚词词典》，华语教学出版社 1992 年版。

32. 王还：《汉英双解词典》，北京语言文化大学出版社 1997 年版。

33. 邢红兵：《基于〈汉语水平词汇等级大纲〉的语素数据库建设》，载宋柔主编：《对外汉语教学中的信息资源和信息处理》，北京大学出版社 2008 年版。

34. 邢红兵：《面向对外汉语教学的动词用法频率词典》，载宋柔主编：《对外汉语教学中的信息资源和信息处理》，北京大学出版社 2008 年版。

35. 杨亦鸣、曹明：《中文大脑词库形、音、义码关系的神经语言学分析》，载《中国语文》1998 年第 6 期。

36. 杨庆蕙：《现代汉语离合词用法词典》，北京师范大学出版社 1995 年版。

37. 夏立新：《对外汉语学习词典的出版和使用者调查研究》，载《出版科学》2009 年第 1 期。

38. 谢天蔚：《用电脑教中文的长处和难处》，载《现代化教育技术与对外汉语教学》，广西师范大学出版社 2000 年版。

39. 俞士汶等：《现代汉语语法信息词典详解》，清华大学出版社 1997 年版。

40. 苑春法、黄昌宁：《基于语素数据库的汉语语素及构词研究》，载《世界汉语教学》1998 年第 2 期。

41. 曾立英：《三字词中的类词缀》，载《语言文字应用》2008 年第 2 期。

42. 张凯：《汉语构词基本字的统计分析》，载《语言教学与研究》1997 年第 1 期。

43. 张萍：《词汇联想与心理词库：词汇深度知识研究现状》，载《外语教学理论与实践》2009 年第 3 期。

44. 张旺熹：《关于对外汉语教学用工具书编纂的几点思考》，载张旺熹：《对外汉语研究与评论》，教育科学出版社 2005 年版。

45. 张学涛:《汉字基本字带字识字手册》,海洋出版社 1998 年版。

46. 赵金铭、张博、程娟:《关于修订〈(汉语水平)词汇等级大纲〉的若干意见》,载《世界汉语教学》2003 年第 3 期。

47. 郑艳群:《理想的对外汉语学习词典模型》,载《辞书研究》2008 年第 2 期。

48. Lyons, John. Linguistic Semantics: An Introduction [M]. Cambridge: Cambridge University Press, 1995, 77, 78—80.

第八章　汉语词汇教学案例分析

本章首先介绍案例教学法的价值和理念，然后通过一些真实的第二语言教学案例，分析汉语作为第二语言的词汇教学的方法，增强汉语国际教育硕士等准教师分析问题、解决问题的能力。

本章所选的词汇案例一方面验证了前面所讲的词汇教学理论，另一方面也可以为学习者提供反省和思考的机会，希望教师和学习者以后能够搜集更多的案例，建成一个和词汇教学相关的案例库，形成一个案例教学资源。

第一节　案例教学法的价值

案例教学法是哈佛大学法学院和企管研究所的教学特色和久负盛名的原因之一。1984年，世界案例教学应用与研究学会成立后，案例教学法被大学各专业领域和中小学教学广泛采用。在师资培养领域，强调基础理论而忽视实践能力的传统课程受到攻击，案例教学法也逐渐在师资培养领域推广开来。

案例教学法是教师根据教学目标和教学内容的需要，通过具体的教学案例，引导学生参与分析、讨论、积极思考，加深对基本原理和概念的理解，从而培养学生分析和解决问题的能力，以实践和创新为基本价值取向。

案例教学的功能可以分为案例本质上及案例教学法实施上的功能。案例本质上的功能包括：提供理论与原则的解释与说明、使理论结合实务、增加对实际情境的感受、引起学习动机和兴趣等。案例教学法实施上的功能包括：养成批判反省的思考和习惯、有利于学习者主动建构知识、培养接纳不同意见的态度、培养问题解决和做决定的能力、增进学习者语言表达能力、促进师生关系和互动关系等。

Florio-Ruane & Clark（1990）整理多位学者的看法，认为案例教学法对职前教师具有以下的功能：（1）将理论知识与实务知识加以统整；（2）协助职前教师获得专家与有经验教师所具有的情境知识；（3）培养职前教师分析问题与解决问题的能力；（4）协助建构个人的教学理论并加强实务经验；（5）揭示教学情境的复杂性；（6）增进教师从替代性经验中学习的能力（转引自张民杰，2006：134）。汉语国际教育硕士作为国际汉语教学的职前教师，也可通过案例教学法，培养思考的习惯，不会以应用简单的解决方式处理复杂的问题而满足，学习利用资料、思索、探究所面临的两难困境，并做出判断，让学生实现由课业学习者向问题解决者的转变，同时学会倾听，欣赏别人不同的意见。

案例教学法强调以学生为主体，是一种培养开放型、应用型人才的新型教学法，与我们国际汉语教师的培养方向一致。而案例的运用，是案例教学最突出的特征，也是它区别于其他教学方法的关键所在。对可直接服务于国际汉语教师培养的案例教学和案例库构建进行研究，具有重要的应用价值和一定的理论意义。

案例的来源包括了由教学者或学习者自行撰写的案例，以及由其他人已经撰写好的现成案例。案例的类型可以从不同的角度来分类，案例依其性质和功能可分为实例取向的案例及反省取向的案例；依案例的教学内容与学习对象可分为特定主题的案例及特定学习对象的案例；依案例真实的程度可分为真实的案例、匿名的案例以及虚构的案例。

Stoiber（1991）将案例依其性质和功能可分为实例取向的案例及反省取向的案例两种：第一种案例企图说明成功的案例，而无关于问题决定或做决定。第二种案例则强调反省和建构的过程，鼓励学生批判思考及培养解决问题的能力，而不只是未经判断，简单地接受原则而已。

本章第二节和第三节都是真实的实例。但第二节是教师案例，是实例取向的案例，是用来作为教导教师技术的实例，相对的，第三节是反省取向的案例，则用来作为准教师建构有用观念，解决技能之用。

本章的案例主题是汉语作为第二语言的词汇教学，来源是汉语国际教育硕士撰写的案例、教师的教学案例以及已出版的经典教案。

第二节 汉语词汇教学的教师案例分析

汉语词汇教学的教师案例很多，有教案、视频、课件等等，这些都可资借鉴。

视频文件如《汉语课堂教学示范》DVD，以示范课堂的形式，多机位、多角度对教师上课全景进行拍摄，通过教师和学生的互动教学，对教学方法加以总结、归纳，该点评手册中有课型介绍、教学方案、教学点评。如该系列中魏苹主讲的综合课短文——《牵手一生，是幸福还是谎言》的教学，就涉及生词处理，生词部分点评主要是"展示生词"和"生词的扩展与搭配"，点评道："利用多媒体课件展示生词，从生词与拼音同时出现到只出现汉字，减少学生的依赖性。认读生词时有教师领读、全班齐读、学生单人读等相结合，注意纠音。"生词的扩展与搭配"中，有一些教学技巧和方法，反映了语言习得的规律：

（1）学生表演：如"牵"的练习方法，叫两位学生手牵着手到前面来。再如"调整"是重点词语，在学生活动的同时引导学生说出"调整一下/不想调整/调整的结果/调整完了/他们调整了一下/调整了座位/调整得很快"等。这种方法直观、生动,便于学生迅速了解词义。

(2) 如果生词同时也是本课语言点,在处理生词时只讲基本意思,在课文中再进一步讲解、练习。如"一旦"。

(3) 有些词语不是难点,可让学生自己使用。如"珍惜",老师问:我们应该珍惜什么?请学生使用这个词语。

(4) 课文中的难词难句可以在生词阶段解决,降低课文难度。如从"枯""烂"两个生词引出"海枯石烂心不变",最后到"海没枯,石未烂,你的另一半已经变心了",为后面的课文扫清障碍。

魏苹老师在讲"牵"、"调整"这两个动词时,设计了课堂活动,有的还配有图片,让学生隐性学习这些语言点。同时,魏老师也运用了词汇的显性教学,如对"一旦"这个关联副词的讲解,用了一些例句来说明其在条件句中的用法,相当于"如果"。魏老师注重显性知识和隐性知识的结合,在活动中,很自然地引出语言点,并善于发挥,如在讲解"牵手"时,顺便讲解"松开了手"。讲解中,很善于利用联想设置情景,不是只讲解图片中的内容,如出现了"牵手"的画面后,老师问"你们牵过别人的手吗?谁?还有谁"?学生的回答多种,从而让学生掌握词义。学生在"调整座位"的活动中,老师说出"调整一下",并启发学生回答"调整什么?调整得怎么样"等问题,抓住现场机会讲解词语的搭配,并说出调整的目的或效果——"调整就是变化一下,变得很合适了"。活动的目的是为了语言学习,老师很善于利用活动讲解语言知识。

《对外汉语教学课堂教案设计》汇集了21位有着丰富教学经验的教师编写的教案,这些教案课型有精读课、口语课、听力课、阅读课、写作课、汉字课、视听说课等;教案有为初级汉语水平的学生设计的,也有为中高级汉语水平的学生设计的,但以初中级为主。每个教案后面均有对外汉语学界知名前辈的点评。这些点评精当中肯,不仅指出了教案设计本身的优缺点,还涉及教学原则、教学法、教师素养以及教材编写等诸问题。下面重点谈谈《对外汉语教学课堂教案设计》中的词汇教学案例。

《对外汉语教学课堂教案设计》中马燕华老师的词语教学思路很明确,该教案是为初级汉语水平的精读课所设计的,在教学要求中马燕华老师明确指出:"知道汉语多音字的不同读音表示不同的意义,多音字在具体词语中的读音是固定的"。教学步骤中包含有:

(1) 学习本课生词:学生读生词、老师范读生词、老师带读生词

(2) 语音辨析:三月 sānyuè/三页 sānyè

真的 zhēnde/金的 jīnde

(3) 分析多音字

1. 先举本课生词"午觉"。说明"觉"有两个读音:jué、jiào,然后以"觉"为例,说明多音字的定义。

2. 让留学生找出本课的多音字并分别组词(语)。

了	①	liǎo	了解	②	le	吃了饭
发	①	fā	发现	②	fà	头发
觉	①	jiào	午觉	②	jué	觉得
好	①	hǎo	不好	②	hào	爱好
长	①	cháng	很长	②	zhǎng	长大

(4) 辨析形近偏旁、形近字

1. 形近偏旁:木字旁与禾字旁、示字旁与衣字旁

2. 形近字:真实、买东西、头发;中午、牛奶;入乡随俗、

中国人

(5) 扩充词语练习

根据课文中的常用短语做扩充词语口头练习：

1. 睡午觉的习惯	～的习惯
2. 休息时间	～时间
3. 三个多月	～个多月
4. 生活节奏	生活～

(6) 课后练习

抄写生词（第一课时）

听写词语（第四课时）

马燕华老师这篇教案的词汇教学部分，注意了多音字、形近字和词语的扩充练习及操练，是比较完整的词汇教学样例，教案中注意到了字词的音、形、义的结合，并注意由字到词，由词到短语的扩展，并指出"真（zhēn）"和"金（jīn）"在留学生发音中易引起的偏误，便于有针对性的教学。

《对外汉语教学课堂教案设计》中张浩老师的词汇教案也重视"听写生词"和"词汇扩展"，吴永毅老师对于副词"多"的讲解，注意对比法语、英语、日语和汉语在时段表达上的异同，教学生用"多＋adj."提问，提醒学生，自己母语和汉语提问时疑问词在句子中的位置差异，这样运用对比把语法点"多"的句法功能融合于词语教学中。

《对外汉语教学课堂教案设计》中彭增安老师的词语教学在第一课时"引入"时，贴近学生生活拓展词汇，让学生回答"年轻人常常上网干什么?"引入之后对重点词语——"做饭、废话、擦、湿漉漉"等词语进行解释，并给学生具体语境，让他们造句。

《对外汉语教学课堂教案设计》中毛悦老师的综合课教学，从讲解重点词语入手，然后进入课文练习成段表达，重点词的讲解摘抄如下：

(1) 者（词尾）：用在形容词或动词后面，或带有形容词、动词的词组后面，表示有此属性或做此动作的人或事物。

例：强者/老者/读者/记者/胜利者/符合标准者

(2) 削（动词）："用刀斜着去掉物体的表层"，例：削铅笔/削头发

多音字：剥削

(3) 塞（动词）："把东西放进有空隙的地方。"

毛悦老师重点阐明了"者"的构词问题，举例说明"X者"结构，也解释了多音字"削"的用法，不足之处正如赵金铭先生点评该教案时说道："教案中有些词语似不必引用词典的解释，学生对这些词应不难理解。"如："削，用刀斜着去掉物体的表层"，再如"塞，把东西放进有空隙的地方"。其实稍一比划，学生就明白了。

第三节 汉语词汇教学的学生案例分析

我们在这一节将对汉语国际教育硕士的词汇教学案例进行剖析，发现学生在教案和试讲中词汇教学的闪光点和不足之处，以便提高教学质量。

笔者在教中央民族大学国际教育学院2009级汉语国际教育硕士《汉语词汇教学》这门课程中，让学生思考词汇教学的方法，选择一篇语言生动的课文，以本班同学为模拟教学对象试讲5—10分钟，并在学期末的时候，交完整的教案作为考查成绩。

学生初上讲台，试讲表现比较稚嫩，但是学生的学期结束时修改的教案比较有进步，注意到了词汇教学的方法，教案设计大都比较完整、详细。下面谈谈中央民族大学2009级汉语国际教育硕士在词汇教学上的成绩和不足之处。

这一届学生大多是外国籍的汉语国际教育硕士，汉语大多不是他们的母语，所以他们教汉语的优势是他们能将汉语和本族语进行对比，学生在第一阶段的试讲过程中，大多采用了 PPT 课件，在老师的帮助下渐渐地能抓住词语教学重点，对一些比较简单的名词不作详细地讲解，对于动词、形容词和虚词能详细解释。讲解过程中，有的学生还能用实物进行教学，抓住重点词语，举例说明，有的同学善于调动学生的兴趣，讲解得比较生动，有的同学由于自身汉语基础不太好，对课文中有些词语解释得不是很精确，教学效果不大理想。

综合考查学生的教案和试讲，发现学生通过课程学习和自己的实践，在学期末的教案中大有进步，尤其是注意到了运用多种词汇教学的方法，下面看一下三位同学和一位老师的部分教案和试讲情况：

词语教学案例一：《汉语会话 301 句》第 29 课

使用教材：《汉语会话 301 句》，北京语言大学出版社
教学对象：泰国学生（10 个人）
课程内容：第二十九课　我也喜欢游泳
教学内容：使学生掌握运动的词组。
教学手段：PPT
教学目标：
——学会汉语的运动生词及意义、用法。
教学重点难点：
重点：学习、练习运动的词组。
难点：
——运动词汇有很多，所以老师选的生词是关于生活当中经常锻炼的活动。
——运动动作的动词不一样，关于手使用"打"，关于脚使用

"踢"。

（一）导入

（二）学习运动的词汇

1. 出示 PPT，今天所学的生词都是名词。然后把游泳、篮球、足球、台球、乒乓球、网球、羽毛球、排球的图片给学生看。

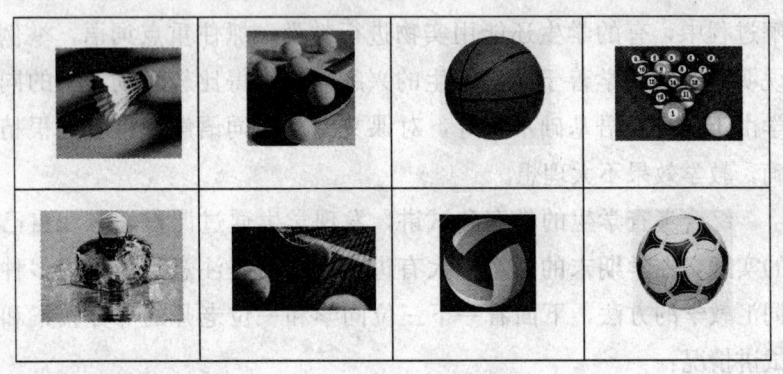

2. 让同学看看，关于手的动作运用"打"的动词：

问题：

| 你 | 喜欢 | 打 | 篮球
台球
乒乓球
网球
羽毛球
排球 | 吗？ |

答案：

| 我 | 喜欢
不喜欢 | 打 | 篮球
台球
乒乓球
网球
羽毛球
排球 | |

这位同学的教案实际上是把课文中有关"运动"的词语，名词如"篮球、足球、台球、乒乓球、网球、羽毛球、排球"做了一个聚类，用图片形象地展示出来了，然后又把这些词放到"你喜欢打＋NP"这么一个"句模"中加以操练，词语练习设计得比较有连贯性。不足之处是把"游泳"当作名词是不对的。

同样是《汉语会话 301 句》这篇课文的词汇处理，有位在中国刚任教的老师面对 4 位美国暑期班的学生采取了如下的教学安排：

29 我也喜欢游泳
I ALSO LIKE SWIMMING

展示"游泳"图片，解释标题。

生词（1-5）

1. 运动，n. & v.

你喜欢什么运动

坐了这么久，也该运动运动。

运动员（yuán），athlete

2. 爬，v.

爬楼

3. 山

山上、山下、大山

爬山（展示图片）、爬北京的香（xiāng）山

4. 游泳

你会游泳吗？

5. 游，v.

to swim，他会游泳，游得也很好。

to travel，游动物园、游西湖（hú）

生词（6-10）

6. 比赛，bǐsài，v. & n.

足球（zúqiú，soccer）比赛、羽毛球（yǔmáoqiú，badminton）比赛

参加比赛

在北京奥运会（àoyùnhuì）上，大约有200个国家参加比赛。

7. 队，duì，——team

美国队、中国队

美国队和中国队比赛

8. 毛笔，máobǐ，——writing brush

用毛笔写

写毛笔字（zì）

9. 练，liàn，to practise

练毛笔字、练乒乓（pīngpāng——Ping pong）球

10. 篮球，——basketball

打篮球

姚明（Yao Ming）喜欢打篮球

篮球运动、篮球比赛

生词（11-18）

11. 排球——volleyball

打排球

中国女排

12. 教，jiāo——to teach, to instruct

我教你们_____，还教你们怎么____汉字。

13. 散步 —— to take a walk，散散步

14. 跑步 ——to jog，跑跑步

你喜欢散步还是跑步？

15. 网球——tennis

你喜欢____网球吗？

16. 回答，huídá——answer

回答问题，回答我

17. 话，huà——speech

说话，说了一些____

18. 躺，tǎng——to lie

躺下来、躺在床上

生词（19-23）

19. 放假，fàngjià，

放假了，大家都很高兴。

放了两天假

20. 旅行，lǚxíng，——to travel

他们旅行去了。

他们到国外旅行去了。

21. 太极拳，tàijíquán

22. 钥匙

23. 丢

丢了钥匙、钥匙丢了

丢了钱包、钱包丢了

这位暑期班老师的词汇教案是依据课文生词表的顺序,借助 PPT 和提问进行讲解,重视词语的词性、搭配,将词语的常用搭配解释清楚了,共讲解了 23 个词语,对"游泳"等标题中出现的词语进行了较为详细的讲解,遗憾的是这种按生词表顺序的讲解显得有些沉闷,不如前面一篇学生教案形式活泼。

词语教学案例二:《汉语会话 301 句》第 33 课

在笔者所教的硕士生教学和教案中,还有一个比较突出的优点是很多同学利用了语境教学,有采用例句教学的,更有采用情景教学的,比如下面的教学记录:

教学对象:外国留学生(母语是英语)

课型:综合课

教材:康玉华,来思平:《汉语会话 301 句》,北京语言大学出版社,2005 年。

第三十三课:有空房间吗?

导入:

老师:你和朋友去游玩,走了好久,终于来到旅馆,你问:请问,有空房间吗?

空房间(vacant rooms)

没有空房间了。(all rooms are occupied)

旅馆没有空房间了

空位子

没有空位子

老师:你和朋友去桂林旅行,坐了很久的车,终于到了桂林。

作业很多,你忙了一整天,终于做完了。

工作了一整天,终于可以休息了。

终于到了旅馆

终于回到家了

终于做完了

终于可以回到家了

终于可以见到你了

上述教学案例主要是讲解"空"和"终于",设置了情景导入,比较贴近生活,在情景教学中让学生体会"终于"的意思和用法。需要改进的地方是导入句有两个语言点,难度稍大,"导入"句用到了后文将要讲解的生词"终于",另外,对"空"这样一个多音字,应该提示一下这个字有两个读音——"kōng"和"kòng",读音不同,意义不同,如"kōng,空气;kòng,空位子,空房子",教师还可以指示现场:教室里还有没有空位子?关于多音字的教学,可吸取前面第二节中马燕华老师的处理方式。除此之外,讲解"终于"时,可用情景让学生自己输出生词,如老师可换一种提问方式:"你和朋友去桂林旅行,坐了很久的车,怎么到了桂林"?提示学生输出"终于"等词。

词语教学案例三:《体验汉语》第9课

下面是一位国际教育硕士在学习课程设计后的真实教案,并进行了试讲,教学效果不错,老师们给予的综合打分比较高。该生的试讲和教案能够比较自如地运用教具,和词汇相关的第一课时讲解过程摘录如下:

课型:综合课

教学对象:本教案的对象是泰国初中学生,初级水平,30个人左右。

课程内容:第9课"我迷路了"

教具准备:《体验汉语》教材,课文第80页的地图,熊猫娃娃,词语的卡片和画图,黑板,北京四合院和泰国高脚屋的照片

教学时数:3课时

第一课时

（一）导入新课（5分钟）

1. 把准备的地图贴在黑板上，地图上共有八个图画表示邮局、银行、医院、超市、公园、学校、电影院和快餐店。通过提问导入新课，老师提问地图上有什么重要的地方，让学生看图说话。

2. 若学生用泰语回答也没关系，可是要求学生会回答"学校"和"公园"。（已经学过这些词）

3. 用例子讲解"迷路"：有一个刚到泰国的中国人，他住在我们学校附近，他要去超市买东西，但是走着走着就不知道要往哪儿走才能走到超市，也不知道自己现在在什么地方。这样的情况叫做"迷路"。那么，如果迷路了，该怎么办呢？（很可能有些学生用泰语说"打电话问朋友"、"问路边的人"等等。//不要求学生会用汉语回答。）回到地图，以刚才剩下的六个词为导入：那么，今天我们来学这些地方汉语叫什么。如果有中国人迷路了，我们就用汉语回答他，大家一起帮助他。

（二）热身活动（10分钟）

1. 用泰语翻译，在相应的位置贴上相应的词卡：
邮局/银行/超市/医院/快餐店/电影院

2. 学生跟读和齐读六个生词。最后老师随机让学生回答。

3. 在黑板上慢慢地写上东、南、西、北四方向，讲解意思。（注："东、南、西、北"的笔顺。）学生跟读和齐读四个生词。

教学生学习关于迷路和问路的内容，用学习的词语表达方位。同时学生了解与掌握"不"字的变调过程。

4. 总结：告诉学生今天我们一起学怎么问路，把书翻到第80页。

（三）读第一篇对话（第81页）（10分钟）

1. 老师领读—带读—学生齐读

> A：你在哪儿？
> B：我在莲花超市的旁边。
> A：莲花超市在哪儿？
> B：莲花超市在快餐店的东边。
> A：好，一会儿见。

2. 问学生关于会话的内容。(你在哪儿？莲花超市在哪儿？)

3. 在黑板上写旁边。教师拿着熊猫娃娃，提问"熊猫在哪儿？"然后回答"熊猫在老师的旁边。"同时以演习方式来解释"旁边"；老师走到 A 同学旁，说"我在 A 的旁边。"接着再说"A 在老师的旁边。"

4. 问 B 同学"你在哪儿？"接着指向坐在旁边的 C 同学，暗示正确的答案是"我在 C 的旁边。"换为 C 回答，同学们以实际情况回答。

5. 老师再问其他同学作为第三遍练习，比如问 D 同学"B 在哪儿？"

(四) 活动（15 分钟）

1. 老师将方向词卡分给同学们，让各个同学拿好，说明各个同学所在的位置。

2. 老师用熊猫娃娃先示范，比如老师的卡是学校，就说"熊猫的学校的旁边。"A 同学的词卡是超市。老师站在 A 同学的旁边时，让他给大家展示他手里拿着什么卡，老师就说"我在超市的旁边。"

3. 老师指向坐在旁边的同学，同时问"A，你在哪儿？"为了其他同学看清楚，拿卡的同学必须高举词卡。被问的同学会回答"我在同学手里词卡所代表处旁边。①"重复这样的练习三个人以

---

① 这句话有些不通，不符合中国人的语感，意思应该是"我在拿词卡人的旁边"或"我在某某的旁边"。

后，老师才作总结。老师走到其他同学旁边问别的同学，让他们回答现在老师站在什么人的旁边，进行到所有同学都答对以后才开始新游戏。

4. 老师将同学分为两人一组，给每个组一张卡。

5. 老师用熊猫娃娃先示范，给全班展示熊猫娃娃的卡是什么地方，然后在地图上把娃娃贴在那个地方的旁边。按照第一会话做模拟表演。

老师：熊猫，你在哪儿？

熊猫：我在 A 的旁边。

老师：A 在哪儿？

熊猫：A 在 B 的……边。

老师：好，一会儿见。

6. 给学生们两分钟准备。先让准备好的第一组来表演。

（五）巩固课堂练习（5分钟）

1. 做课文练习：说说建筑的位置。（第 81 页的地图）学生回答问题。

(1) 邮局在超市的_____。

(2) 电影院在快餐店的_____。

(3) 医院在学校的_____。

(4) 银行在_____的东边。

(5) 超市在_____的西边。

2. 再回到第 83 页的句子结构，老师领读——学生齐读。

3. 学生做第 84 页的听力练习。改涂上颜色的练习为填空地名。

这个教学案例是由一位泰国硕士生完成的，她能够抓住课文的教学重点，结合图片、词卡、英语，安排各种教学活动，讲解重点词语，流利自如地进行语言点的操练，各个教学环节安排得合理，教学效果也比较好。

通过对中央民族大学汉语国际教育硕士的《汉语词汇学与词汇教学》的授课情况，发现学生的教案大都能设计得较为完整，并能对一些重点生词进行解释，能采用一些词汇教学方法，学生教案的优劣主要在于讲课是否能以学生为中心，整个试讲或教案是否符合学生的认知顺序，贯彻"可懂输入"原则，循循善诱地讲解出语言点。能把"语境"教学很好地贯彻下去的课堂，将是有趣的课堂。

本章参考文献

1. 张民杰：《案例教学法——理论与实务》，九州出版社 2006 年版。

2. 陈宏、吴勇毅：《对外汉语教学课堂教案设计》，华语教学出版社 2003 年版。

3. 刘希明主编：《汉语课堂教学示范》DVD，北京语言大学电子音像出版社 2006 年版。

4. 康玉华、来思平：《汉语会话 301 句》（第三版），北京语言大学出版社 2005 年版。

［特别感谢中央民族大学 2009 级汉语国际教育硕士王霜霜、杜素仪、丘永春提供教案］

后　记

《汉语作为第二语言的词汇教学》即将付梓，内心有一些盼望，盼望这本亲自编著的教材能得到广大对外汉语教学工作者的认可；心中也有很多感激之情，是中央民族大学国际教育学院成就了这本教材的编写和出版。

我是2009年7月开始在中央民族大学国际教育学院主讲"词汇学及汉语词汇教学"这门硕士生课程的，当时有约30名外籍硕士生修了这门课程。实际教学中，我发现这门课的教材在语言学本体研究中甚多，但在对外汉语学界，并不多见，而在"汉语国际教育硕士"的培养方案中，这门课程比较重要，于是我有了编写一本适合汉语国际教育硕士用的词汇教学教材的愿望。

由于我博士后期间，曾在北京大学计算语言学研究所做过两年的词库研究工作，有着对《现代汉语语法信息词典》逐条核查、研究的经验，在现代汉语词汇方面也有一些研究论文。2008年进入中央民族大学国际教育学院工作，教外国留学生综合、听力、阅读和写作课等，在教学过程中我开始思考如何在对外汉语学界贯彻"词汇教学的系统性"等问题。承担了汉语国际教育硕士"词汇学及汉语词汇教学"这门课程后，这一届学生给我很多启发，我发现应该摒弃以前中文系词汇教学的路子，针对汉语国际教育硕士的"应用型、国际化"等特点来进行教学。后来在2010年2月，我又在首都师范大学高师培训中心——来广营，给赴泰的汉语教师志愿者讲授了这门课程。

2010年我所在的工作单位——中央民族大学国际教育学院申请到了学校"重点培育学科"项目——"国际汉语教学"，学院鼓励教师开展关于"国际汉语教学"的科研工作，鼓励大家编撰与"国际汉语教学"相关的教材和专著，在吴应辉院长的鼓励下，我完成了针对硕士研究生的词汇教材的编写工作，感谢院长的支持！希冀我编著的这本教材能为学院的学科建设添砖加瓦。本教材中还涉及了"词汇教学的案例分析"，这也和学院的"国际汉语教学案例库"的构建相关。

本教材的编写、章节的安排及撰写是由我独立完成的，整个体例和风格是一致的，希望这本教材能引起大家对于汉语作为第二语言的词汇教学的思考，研究第二语言教学中词汇教学的规律，丰富词汇教学的理论与方法。

博士期间导师王洪君的"字本位"思想在本书中有所呈现，感谢导师在北大期间为我打下的比较宽广的知识面，让我在工作中受益匪浅。感谢北大计算语言所的师兄刘耀在本书的撰写过程中的热心探讨，让我在写作中峰回路转。深切地感谢家人和所有帮助过我的朋友们，谢谢你们的支持和帮助！

这本教材的编写，从 2009 年 12 月开始动笔，到今天已有 8 个月的时间，成书后修改、校对了好几遍，但疏漏之处肯定存在，希望广大读者批评指正。

曾立英
于北京租住房
2010 年 8 月 17 日